크리에이티브디렉터
최경아

그랜드 하얏트 서울 플라워팀에서 경험을 쌓고 신라호텔 플라워팀으로 이직해 오랜 시간 몸을 담아왔다. 특히 신라호텔에서는 다수의 셀러브리티 웨딩(장동건&고소영, 권상우, 유지태, 송중기 등)에 참여했고 VVIP 결혼식을 담당했다. 그 후 르메르디앙 호텔에서 디자인을 총괄했고, 공간장식을 진행했다.
그밖에 레이크우드 cc 골프장 총괄 디자인을 담당했고, G20, 국가행사, 청와대 국빈행사 꽃 장식을 진행하는 등 포괄적인 장식을 진행해왔다.

CHANEL(샤넬), Dior(디올), LOUIS VUITTON(루이비통), Cartier(까르띠에), FENDI(펜디), PRADA(프라다), TOD'S(토즈), Van Cleef & Arpels(반클리프아펠), Porsche(포르쉐), SAMSUNG(삼성), ROYAL SALUTE(로얄살루트), RICHARD MILLE(리차드밀), KRUG(크루그) , Hyndai Card(현대카드), marie clair(마리끌레르), laprairie(라프레리), SISLEY(시슬리), JO MALONE(조말론), GIORGIO ARMANI(조르지오알마니), BOBBI BROWN(바비브라운), AVEDA(아베다), HERA(헤라) 등 명품 행사 플라워 장식을 진행하며 쌓은 노하우로 하나뿐인 예식과 행사를 만들기 위해 지금도 꽃을 하고 있다.

현재는 신세계 조선호텔 플라워 총괄로 조선팰리스 서울 강남 럭셔리컬렉션(JOSUN PALACE, The Luxury Collection), 레스케이프호텔(L'ESCAPE) 격물공부(KYUKMUL GONGBOO), 제인 패커(JANE PACKER) 등 다양한 공간의 장식을 진행하며 바쁜 일상을 보내고 있다.

instagram.com/elisa_flowerdesign
blog.naver.com/elisa_flowerdesign
youtube.com/channel/elisa_flowerdesign

원예학을 전공하며 시작하게 된 꽃 공부는 가슴 설레는 일이었다. 누군가는 자신이 좋아하는 일을 직업으로 삼으면 안 된다고 했지만 나는 꽃을 시작한 지난 19년 동안 한 번의 지루함 없이 즐거웠고 지금도 행복하다. 플로리스트라는 직업의 매력은 해본 사람만 알 수 있으며 나에겐 이 일보다 재미있는 일은 없을 것이다.

지금의 나는 처음 꽃을 시작할 때보다 더 많은 부족함을 느낀다. 그래서 이 책을 쓰는 것이 부끄럽고 부담스럽기도 하다. '더 많이 공부한 사람들도 많은데'하는 생각이 앞섰지만 이 책이 누군가에게는 도움이 될 것이라는 믿음으로 내가 공부하며 깨우친 것들을 정리해보기로 했다.

꽃에 관심이 많은 나는 진로를 결정할 당시 많은 고민을 했다. 은사님이 추천해준 원예학자의 길도 있었지만, 디자인의 즐거움을 바탕으로 플로리스트의 길을 선택한 것을 후회하지 않는다. 꽃의 세계 안에는 여러 분야가 있고 나는 가능한 많은 일과 배움이 일어나는 곳을 찾았다. 그 곳이 호텔이었고 그 중에서도 웨딩은 너무나 매력적이었다. 고객들과 소통하고 싶은 부푼 마음으로 호텔에서의 나의 꽃 일이 시작되었다.

어렵게 들어간 첫 호텔에서의 경험들은 아직도 생생하다. 5년간 꽃을 배웠기 때문에 높은 자신감을 가지고 처음 호텔에 들어갔을 때지만, 내가 하는 일은 바닥 쓸기와 청소가 전부였다. 이런 경험도 언젠가는 나에게 도움이 될 일들이라 여기며 긍정적인 생각으로 일했지만 막상 내 일은 너무 힘들고 외로웠다. 매일 쓴 일기는 첫 달에만 세 권이었다. 아직 간직하고 있는 그 일기장에는 쓰레기장까지 가는 가장 빠른 길도 그려져 있다. 호텔에 들어가면 꽃을 만지며 신날 것이라는 나의 생각과는 달랐지만 일하는 것만으로 행복했던 그 시절은 모두 즐거운 추억이다. 시간이 지나 호텔 각 업장의 꽃들을 디자인할 기회가 생겨 드디어 꽃을 만져볼 수 있었고, 배움이 쌓이는 것이 즐거웠다. 처음 큰 연회장에서 본 결혼식은 여기가 한국이 맞나 싶을 정도로 화려하고 멋진 광경이라 지금도 기억하고 있다. 비록 나는 작은 역할에 불과했지만 무에서 유를 창조하는 작업인 호텔 플라워에 대한 매력에 푹 빠지게 되었다. 운이 좋아서 시작한 이 일은 힘들었어도 너무 행복한 시간이었고 지금도 그 생각엔 변함이 없다.

꽃을 시작할 때 향후 10년의 계획을 세웠었다. 호텔에서 1년을 근무하고 그 다음엔 공연무대 팀에서, 이벤트행사를 하는 곳에서, 리테일 샵에서, 교육 기관에서 각 1년씩 경험을 쌓는 것이었다. 그러나 막상 호텔 업무를 시작하니 그것은 잘못된 생각이었다. 절대 짧은 기간에 배울 수 있는 것이 아니었다. 호텔의 일은 꽉 찬 스케줄과 밤낮 없이 움직여야 하는 일들이었기에 공부하러 다니는 것이 쉽지 않았다. 그래도 다양한 디자인을 보며 눈을 높이는 게 중요하다는 생각에 플라워 서적을 많이 보았다. 국내에 나와있는 플라워 관련 모든 책을 사보고 해외 수입서적도 보기 시작했다. 월급의 반 이상을 책에 쓰면서 언젠가는 나도 꼭 멋지게 공간을 디자인하고 싶다는 생각을 했다. 리테일 상품 제작이나 교육관련 책은 많지만 외국처럼 웨딩과 관련된 공간 장식의 책은 없어서 해외 서적들을 많이 구입했다. 해외 직구를

하던 그 시절, 턱없이 비싼 배송비를 지불할 때 우리 나라도 이런 책이 많이 나올 수 있는 문화가 되었으면 했는데 내가 이 책을 쓰게 되어 너무나 감사하다.

꽃을 만지는 일은 힘든 일이다. 많은 사람들이 꽃 관련 일은 우아한 일이라 생각하지만 호텔 플라워 일은 전혀 그렇지 않다. 면접을 볼 때 가장 중요하게 여기는 것 중 하나가 체력일 정도로 고되고 힘한 일이다. 꽃을 시작히려는 후배들이 상단을 오면 녹하게 마음 믹지 못할 것이라 하지 말라고, 특히 호텔이나 웨딩 일은 하지 말라고 했다. 이 일은 고되니 가볍게 생각하지 않았으면 하는 뜻이었다. 더욱이 웨딩은 혼자 할 수 있는 일이 아닌 팀과 함께하는 일로 한 명 한 명의 역할이 중요해서 더 강하게 말했던 것 같다. 지금 생각해보면 이렇게 즐겁고 행복한 일을 왜 하지 말라고 했을까 하는 미안한 마음도 든다. 오랜 시간 힘들었지만 그만큼 배운 것이 많았고 이제는 내가 해 왔던 일들을 후배들에게 알려주고 싶다. 사실 꽃은 예술 분야의 하나로 정해진 답은 없지만 웨딩에 관련된 모든 것들은 혼자만의 싸움처럼 공부하고 익혔던 것들이라 그 부분을 같이 공감하고 전하고 싶다.

여타의 플라워디자인은 작가의 주관적인 것이 많이 담겼지만 웨딩플라워는 작가가 아닌 클라이언트에게 맞춰야 한다는 점이 조금 다르다. 내가 꽃을 하면서 가장 좋아하는 파트가 웨딩인데 그 이유는 고객과 소통하며 빠르게 성장할 수 있기 때문이다. 꽃을 공부하며 경계할 것 중 하나는 오랜 기간 한 공간만을 보게 되어 디자이너로서 시야가 좁아지는 것이다. 나는 다른 분야의 사람들에게 많이 배운다. 꽃은 모르

지만 다른 각도의 디자인에 관심이 많은 신부들과 소통하며 그들에게 더 많이 배웠다. 처음 웨딩 상담을 시작을 했을 때엔 내가 주도하려고 애썼다. 상품은 이런 것들이 있고 우리 스타일은 이러해요 하는 식의 내 의도대로 이끄는 상담이었다면, 시간이 흘러 지금은 더 소통하고 이야기를 들으려 한다. 그저 한번의 예식을 디자인하는 것이지만, 그들에겐 그 날을 꿈꾸며 오래 고민한 것이기에 더 많이 듣고 그 꿈을 이뤄주고 싶었다. 가끔은 내가 나의 색을 점점 잃는 것이 아닌가 하는 생각으로 두려움도 있었지만, 그 안에서 배움이 있고 나날이 발전한다는 생각으로 일하고 있다.

나는 신랑 신부가 꿈꿔온 하나뿐인 웨딩을 만들고 있다. 그날만큼은 자신이 주인공이 된 특별한 웨딩을 꿈꾸는데, 난 그것을 이뤄주는 사람이다. 나에게 영감을 주고 함께 소통해준 소중한 나의 신랑 신부들께 진심으로 감사함을 전한다.

이 책의 출간을 결정하고 함께 진행해준 플로라 식구들과 많은 도움을 준 호텔측, 응원해주신 많은 분들께 그리고 사랑하는 가족들에게 진심으로 감사드린다.

마지막으로 지금도 자신의 자리에서 꽃과 함께 같은 길을 가고 있는 모든 플로리스트에게 존경을 표하며 이 책이 작은 도움이 되기를 바란다.

- 10   PINK
- 40   HOTPINK
- 58   LIGHT PURPLE
- 102   PURPLE
- 116   WHITE&GREEN
- 154   IVORY
- 162   PEACH
- 178   YELLOW
- 200   ORANGE
- 238   BLUE
- 250   RED

색은 사람을 매료시키는 힘이 있다. 웨딩홀에 들어서면 가장 먼저 눈에 띄는 것이 꽃이기 때문에 미팅 시 꽃 컬러의 선택은 신부님들의 가장 중요한 결정사항이다.
좋은 향을 내며 활짝 피우는 것, 그것이 진정한 꽃의 매력이다. 이런 꽃의 본질을 웨딩에 접목하여 누군가의 가장 중요한 날을 오래 기억할 수 있게 하는 작업은 즐거운 일이다.

신부들이 가장 좋아하는 벚나무는 연한 베이비 핑크색을 가진 작은 꽃잎이 하나씩 피어나 구름 속에서 예식을 진행하는 것 같은 느낌을 준다. 벚나무 디자인은 가지가 만들어 내는 선의 느낌을 살리는 게 포인트다. 웨딩 디자인의 답은 자연에 있다. 꽃과 나무를 직접 보는 것이 최상의 디자인 수업이며, 자연으로부터 오는 그대로의 느낌을 살리는 것이 중요하다.

Table Centerpiece

핑크와 보라가 결합하면 매우 사랑스러운 컬러가 나온다. 파스텔 톤으로 결합해준다면 아이 같은 느낌이 나고 진한 보라색을 사용했을 경우에는 더할 나위 없이 우아한 느낌이 난다. 이번 컨셉으로는 새 오브제를 사용하여 자연스러운 꽃밭 컨셉으로 연출했다.

인생에 있어서 가장 중요한 행사인 웨딩을 내게 맡겨준 신부들은 늘 소중한 존재이기에 나도 감사함을 특별함으로 보답하고자 한다. 상담을 하면 새로운 디자인을 선호하는 신부님들이 종종 있다. 그럴 땐 새로운 것을 만든다는 기대와 설렘을 가지고 작업을 진행한다.

웨딩 플라워 디자인은 기성품과는 다르게 상담을 통해 서로의 의견을 조율하며 만들어진다. 때론 이미지만으로 디자인을 공유하고 상담을 마치는 것이 미안하지만, 나를 믿어 주는 고마움에 보답하고자 늘 그 이상의 결과를 만들어 내려고 노력한다. 원래 상품에는 신부의 이름을 사용하지 않는데, 이번 웨딩만큼은 나의 영원한 연예인이자 감사한 존재인 신부님을 응원하고 싶은 마음에 다른 웨딩과는 다르게 모든 곳에 이름을 넣어 진행했다.

같은 컬러도 공간의 분위기에 따라 느낌이 다르다. 화이트 커튼으로 감싼 배경에 연한 베이비 핑크의 꽃은 마치 봄의 웨딩을 대표하는 느낌이다. 서양란 '덴파레'를 메인으로 잡고 작은 변화를 주기 위해 테이블 초도 핑크로 맞춰 컬러감을 통일했다.

Layout

'50명 인원 제한' 코로나가 불러일으킨 힘든 웨딩 상황에 최대한 공간이 비어 보이지 않도록 지그재그 레이아웃을 연출했다. 이곳에서 처음 시도한 레이아웃이었는데, 반응이 꽤 괜찮았다. 매번 다른 이유들로 힘든 상황이 발생하지만, 나의 자리에서 끊임없이 연구하고 최선을 다하는 게 나의 역할이다.

모든 꽃은 계절에 맞게 사용하는 게 가장 예쁘다. 아마도 자연을 그대로 담아왔기에 가능한 일일 것이다. 우리는 계절에서 오는 꽃의 변화로 그날들을 기억할 수 있다.

매번 새로운 예식을 연출하고 싶어 시작한 드로잉. 판넬에 직접 그림을 그려 꽃과 함께 어울리는 장식을 디피해보기도 하고 백드롭의 컬러를 조금씩 바꿔보고, 다른 꽃을 세팅하다 보면 같은 장식이라도 다른 느낌을 낼 수 있어 변화를 주기 쉽다.

이번 웨딩의 무대는 크리스탈이 훨씬 더 돋보이고 꽃잎이 흩날리는 느낌을 연출하기 위해 덴파레를 한 송이씩 매달아 공간을 표현했다. 디자이너가 힘들수록 고객의 웃음이 커지고 디자이너의 손이 한 번 더 가면 작품의 완성도가 상승한다. 그렇기 때문에 나는 꼭 모든 공간을 한 번 더 체크한다.

때와 장소에 따라서 그리고 그날의 컨셉에 따라서 모든 웨딩은 다른 느낌이 난다. 이번 컨셉은 들판에 자연스럽게 자란 꽃처럼 한 송이 한 송이가 살아있는 느낌을 만드는 것이 포인트다. 히아신스, 튤립, 네리네, 아미초, 아스틸베 등을 최대한 자연스럽게 꽂아 공간을 연출했다.

진정으로 축복해줄 최소한의 사람들만 초대하는 프라이빗 결혼식 스몰 웨딩이 유행이다. 스몰 웨딩은 작지만 그만큼 디테일하고 예쁘게 공간을 디자인해야 한다. 작은 홀 장식의 경우 조금만 꼼꼼히 터치하면 금세 아름다운 공간으로 변화되는 모습을 눈으로 확인할 수 있어 디자인하기 재미있는 공간이다.

모든 웨딩은 특색이 있어야만 한다.
웨딩 플라워 미팅 시 가장 고민하는 부분 중 하나는 바로 컬러 선택이다.
분위기에 따라 같은 컬러라 하더라도 좀 더 러블리하거나, 섹시하거나, 우아하게 연출할 수 있다.

이번 컨셉은 신부 이미지에 맞는 섹시한 핫핑크 컬러이다. 화이트 계열이나 파스텔톤을 전혀 사용하지 않고, 그린과 핫핑크만을 사용하여 어느 때보다 화사한 결혼식을 연출했다. 신부가 들어오는 순간 분위기를 더해주는 꽃은 좋은 날을 빛내주는 아름다운 매개체이다.

Pond & Angel

로비 공간에 유럽의 정원을 만들고 싶었던 나는 단순한 공간 표현뿐만 아니라 청각적인 느낌도 더 하고 싶었다. 물소리가 들리고 시원하게 물이 떨어지면서 주변의 식물에 자연스럽게 물도 주니 하객들이 신기해한다. '물이 어떻게 나올까? 이게 어떻게 세팅이 된 걸까?' 나는 그렇게 사람들이 궁금해하는 디자인이 좋다. 그냥 지나치지 않고 오래 기억될 수 있도록 사진을 찍게 만드는….

예식에 사용되는 오브제와 소품들에도 의미를 담고자 유럽의 분수에 어울리는 천사를 세팅했다. 사랑을 상징하는 꽃을 들고 있는 천사, 풍요를 상징하는 곡식을 들고 있는 천사, 다산을 상징하는 포도를 잡고 있는 천사, 열정의 불을 만지고 있는 천사. 이런 천사들이 신랑 신부를 지켜줄 것이라 믿는다.

Lovely

이번 웨딩은 '숲속의 공주님'이라는 컨셉으로 공간을 연출했다. 주변 색감을 신부의 이미지에 맞춰 온통 핑크빛으로 장식한 뒤 화이트 배경을 포인트로 잡아 더욱 러블리한 느낌의 웨딩을 만들었다.

한가지 컬러로 장식하려면 다양한 종류의 꽃을 조화롭게 사용할 수 있어야 하고, 많은 종류의 꽃을 알고 있어야 한다. 그래야 어떠한 상황에서도 다양한 디자인과 컬러를 낼 수 있기 때문이다. 오롯이 신부만 돋보일 수 있는 화려한 공간을 잘 만들기 위해서는 새로운 품종의 꽃을 꾸준히 습득해야 한다. 아마릴리스, 튤립, 작약, 히아신스, 반다, 아란다, 아스틸베, 리시안셔스, 장미, 미니장미, 글로리오사, 클레마티스, 왁스플라워, 퐁퐁, 스타티스 등. 꽃을 조합하는 건 늘 어렵지만 배우면 배울수록, 알면 알수록 흥미로운 결과물을 만들어 내는 꽃 작업은 언제나 재미있다.

소량의 핫핑크 꽃을 사용해 화사한 느낌의 결혼식을 연출했다. 무대 쪽 행잉 장식을 통해 공간을 풍성하게 만들어주고, 자연스러운 높낮이를 준 행잉 아래에는 꽃밭 장식으로 포인트를 주었다.

꽃을 선택할 때 중요한 것은 꽃의 선이다. 컨셉에 따라 다르지만, 규칙적이지 않은 자연스러운 선이 참 예쁘기 때문에 나는 꽃이 가진 본연의 선을 좋아한다. 곡선이 아름다운 조팝은 정해진 시즌에만 사용할 수 있어 플로리스트 사이에서 인기가 좋다.

웨딩에서 연핑크, 핑크, 핫핑크, 피치, 오렌지, 옐로 컬러를 모두 사용하고 싶어하는 신부가 있었다. 나는 고민을 하다 그렇게 해보자고 했다. 꽃은 물감이 아니기 때문에 다양한 색상을 합쳐서 사용하는 것이 어렵다. 그럴 때는 꽃 안에서 공간감을 만드는 것이 무엇보다 중요하다. 그 안에 자연스러운 높낮이로 각 컬러의 꽃을 돋보이게 해주면 더 화사하게 공간을 연출할 수 있다. 그렇게 디즈니 웨딩을 꿈꾸던 신부님께 더없이 화려한 웨딩을 선물해 드렸다.

모든 처음은 어렵다. 그 처음은 힘들고 완벽하게 해낼 순 없지만 길을 만들어준다.
이 디자인은 무게 지탱이 어려워 떨어질 위험이 있다며 많은 사람들이 반대했던 디자인이다.

내가 하는 이 일은 비율과 디자인도 중요하지만, 안전이 우선 되어야 함으로 공간에 대한 이해가 충분해야 한다. 내가 작업한 모든 웨딩 오브제들은 단순한 디자인으로만 탄생한 것이 아니라 수십번의 테스트를 거치며 완성된 작품들이다. 더 많이 알아야 새로운 시도를 할 수 있기에 오늘도 공부한다.

Object

일 년이 넘게 걸렸다. 새로운 디자인을 위해 몇 번의 그림을 그렸던가. 4미터 가까이 되는 무대는 언제나 안전해야 했고, 무엇보다 예뻐야 했다. 이번 오브제는 동양적이면서도 화사한 디자인을 만들고 싶었다. 틀을 만들고 그 위에 농도가 다른 꽃들이 자연스럽게 어울리도록 머릿속에 그림을 그려본 뒤 무대에 적용해본다. 비즈를 한 알 한 알 고르고 간격까지도 고민하며 직접 만든 버진로드 오브제라 더 애정이 간다. 팀원들과 함께 소통하며 만든 우리들의 신규 디자인. 우리 팀이 준비하는 예식이 점점 발전하는 기분이 든다. 세상에 하나뿐인 오브제 디자인은 힘들지만 그래서 재미있고 즐겁다.

Only One

잊지 못할 미팅이었다. 신부는 내가 해보고 싶은 디자인과 컬러를 제안해달라고 했다. 고마운 마음으로 웨딩에 많이 사용하지 않는 블루 계열의 꽃을 제안했다. 홀 안의 러블리한 핑크 보라계열과는 다르게 시원하고 화사한 웨딩을 만들어 보고 싶었다. 블루 계열의 꽃이 많지 않아 염색 꽃도 함께 사용했다.

모든 작품은 손이 많이 가면 갈수록 처음보다 훨씬 예뻐진다. 이번 웨딩은 조금만 뭉쳐도 예뻐 보이지 않기 때문에 장인의 정신으로 덴파레를 한 땀 한 땀 붙이고, 선을 보며 자연스러운 컬러가 나오도록 신경 썼다. 나는 웨딩 공간을 기획할 때 늘 사진을 통해 많이 보려 한다. 눈으로 보이지 않는 비어 있음과 뭉쳐 있음이 더 잘 보이는 때가 있기 때문이다. 많이 보아야 조금 더 보인다.

Bride Waiting Room

모든 꽃은 자신의 온 힘을 다해 꽃을 피우기에 모두 귀하다.
신부가 잡지 화보 속 주인공으로 보일 수 있는 프레임을 디자인했다. 프레임 속에서 다양한 분위기를 낼 수 있도록 높낮이를 조절하며 꽃의 방향을 보고 여리여리한 꽃들을 프레임 상단 쪽에 꽂아 더 돋보이게 제작했다.

고객에 맞는 상품을 만드는 우리는 꽃을 꽂을 때도 어느 꽃이 좀 더 귀한지 생각하며 꽂기 때문에 시장 상황을 잘 알아두는 것이 좋다. 귀하지 않은 것은 없지만 포인트 있게 사용했으면 하는 꽃들을 좀 더 돋보이게 꽂는 방법도 필요하기 때문이다. 이런 노력의 디테일이 모여 완벽한 디자인이 탄생된다고 나는 믿는다.

겨울 예식이라 따뜻한 느낌을 주는 골드 색상의 소재를 사용했다. 핑크빛 컬러와 골드 색상의 조합은 따뜻한 겨울을 표현한다. 이번에 처음으로 사용한 로즈골드 컬러 소재는 핑크와 사랑스럽게 잘 어울렸다. 매번 새롭게 도전하는 것은 어렵지만, 늘 다른 느낌으로 나오는 결과물을 보며 얻는 뿌듯함으로 다시 이 일을 한다. 세상 모든 플로리스트가 아마 이런 기쁨으로 계속 꽃일을 하는가 보다.

Pastel

연보라 톤을 조화롭게 잘 사용하면 오묘하고 청초한 분위기의 컬러가 나온다. 이 색상은 요정이 나올 듯한 신비한 느낌마저 들게 한다. 웃는 모습이 아이같이 예쁜 신부와 어울리는 여리여리한 느낌을 주고 싶어 짙은 컬러는 빼고 직접 꽃을 염색해서 사용했다. 꽃은 원래 모습 그대로 사용했을 때 가장 오래가고 그날의 분위기와 디자인에 따라 다른 응용이 필요한 경우도 있다.

Light

조명은 중요한 역할을 한다.

홀 배경 컬러가 밝을 경우 간혹 조명의 힘이 약하다고 생각할 수 있다. 하지만 조명은 모든 색이 그대로 전달되기 때문에 그 무엇보다도 중요하다. 꽃 한 송이의 방향도 너무나 잘 보이기 때문에 어느 때보다 신경을 써야한다. 밝은 배경에 디자인하는 것은 시간이 배로 걸릴 만큼 신경이 많이 쓰인다. 마지막까지 맘에 들지 않아 신랑·신부에게 문을 열어주지 않다가 마지막에 겨우 문을 열었을 때 나의 마음을 알아주듯 나를 향해 미소를 지을 때, 가장 안도하게 된다.

디자이너가 가진 오브제는 한계가 있지만, 그것을 조합해 예식마다 어울리는 느낌으로 잘 잡아주는 게 나의 역할이기에 늘 조금씩 다른 작업을 시도한다. 쉽게 지나칠수 있는 초이지만 직접 색상을 제작해보았다. 초는 필러의 양에 따라 조금씩 색상이 다르고 그냥 볼 때와 불을 켰을 때의 색상이 다르기 때문에 이 또한 고민하며 디자인해야 한다.

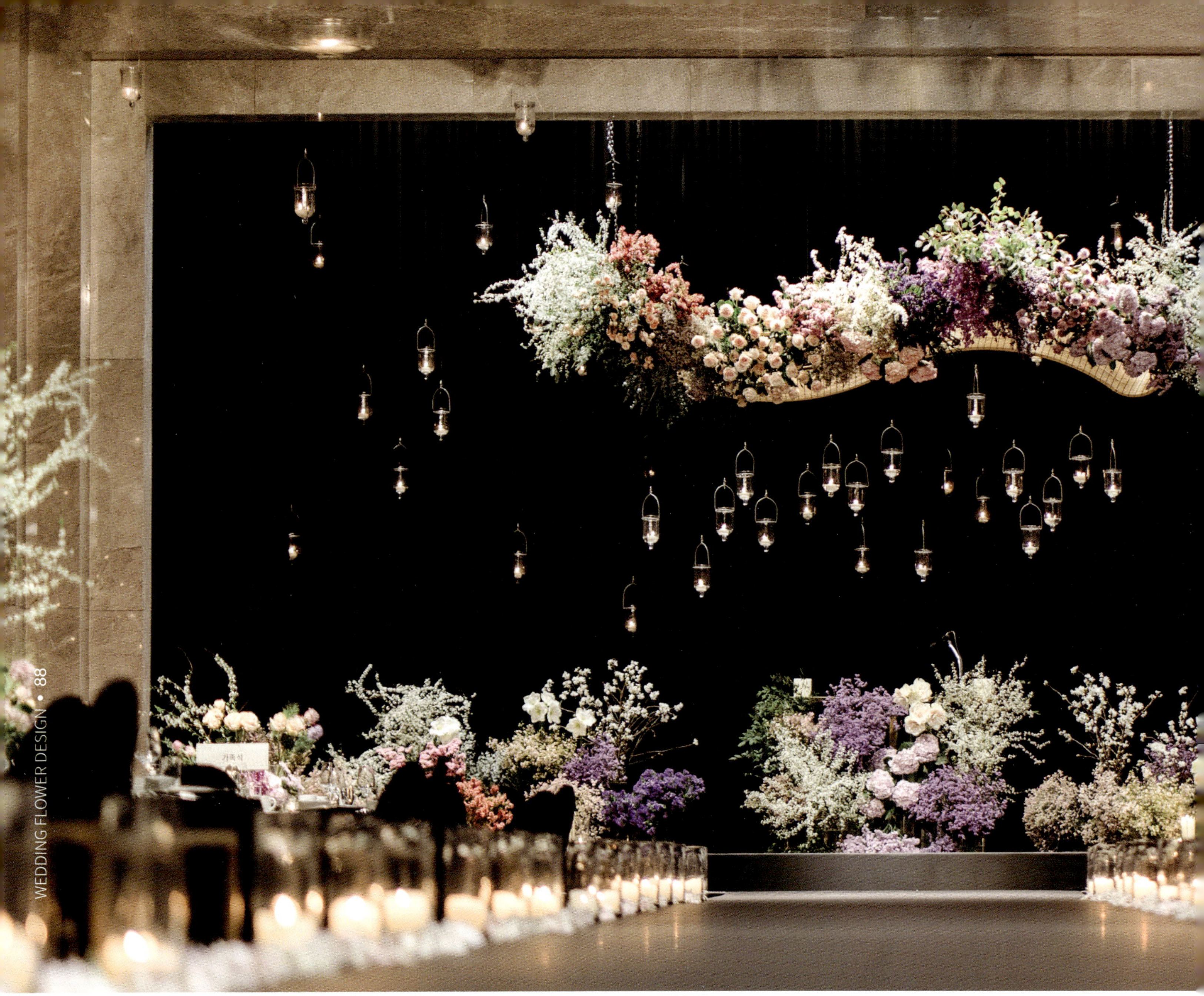
가족석

MERIDIEN
LEE MYUNG WOO
and
KIM HYE JIN

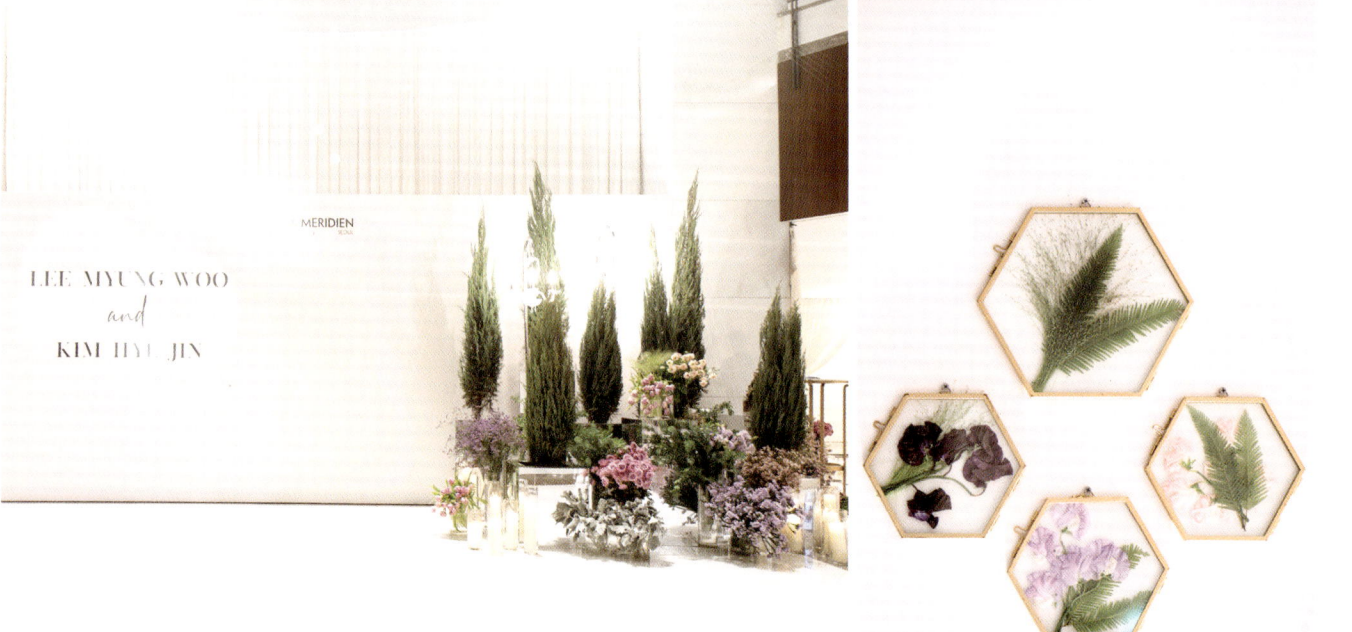

이 디자인은 곡선이 포인트다. 곡선 행잉 장식과 버진로드 입구의 디자인. 테이블센터피스의 곡선 형태. 오브제를 선택할 때는 기준을 정하고 통일감을 준다. 꽃의 종류가 많기 때문에 이런 규칙은 반드시 필요하다.

처음으로 무대를 디자인했던 예식이었다. 4미터나 되는 오브제에 필요한 꽃 양을 가늠하기 어려워 꽃을 끊임없이 들여보냈다.
어렵고 힘들었지만, 내 디자인을 믿고 마음껏 해보라던 신랑 신부에 대한 막중한 책임감을 가지고 장식했다.
나를 믿어준 사람들에게 성공적인 보랏빛 웨딩을 만들어 주고 싶었다.

자연스러운 느낌을 좋아하던 신부에게 제안한 아치 느낌의 신부대기실. 이 공간은 앉아있는 신부뿐만 아니라 사진작가들이 다양하게 연출할 수 있도록 공간을 꾸며야 한다. 이렇게 로비로 나와 장식을 하는 경우에는 전체 공간을 생각해야 한다. 내가 디자인을 할 때 가장 많이 생각하는 것은 '사진이 어떻게 나올까?'이다. 웨딩이 끝나고 나면 나도 작업한 사진을 계속 찾아보고 들여다 본다. 그렇게 계속 보다보면 답이 조금씩 보인다.

Kim Hyunwoong
and
Lee Kyurim

오랜 시간 미팅을 하고 나면 종종 '알아서 예쁘게 해주세요'라고 마무리 되곤한다. 그 말은 나에게 너무나 감사하기도 하면서 막중한 책임감을 느끼게 하는 어려운 말이다. 하지만 디자인을 새롭게 해 볼 수 있어 더 많이 생각하고 공부한다. 이번 무대는 행잉의 높이를 아주 많이 내려 꽃밭처럼 연출하고 로드에 있는 꽃들이 무대로 가는 꽃길 느낌으로 만들어 보았다.

무대와 연결되는 꽃길을 표현한 버진로드 (핑크뮬리, 그로티스, 왁스플라워)
무대컬러와 어울리는 컬러로 장식한 웨딩 케이크 (아마릴리스, 튤립, 장미, 천일홍, 클레마티스, 오하이오, 히야신스, 수국)

플로리스트는 컬러 공부가 필수다. 나 또한 팬톤 컬러칩을 얼마나 많이 뜯어봤는지 모른다. 매번 꽃을 살 수 없던 시기에는 잡지와 책으로 공부했다. 생명을 가진 꽃으로 다르게 나오는 꽃의 컬러는 알수록 재미있다.

꽃의 선을 가장 잘 표현하기 위해서는 오브제 선택이 중요하다. 실린더 모양의 센터피스는 가지 하나하나의 선이 모두 보이는 튤립을 표현하기 좋다. 살짝 마사지해주듯이 잡아주면 줄기에 열이 전달되어 자연스러운 곡선이 나온다. 마치 꽃들이 베이스 안에서 춤을 추는 것 같다. 내가 공간을 볼 때 가장 중요하게 보는 부분은 바로 무대와 버진로드지만, 소중한 하객들을 대접하고 싶은 마음으로 준비하는 예식이기에 신경 쓰지 않을 곳이 없다. 작은 디테일이 모여 하나를 완성하듯 말이다.

인연은 참 신기하다. 상담할 때 내가 전 직장에서 했던 예식 사진을 들고 오는 신랑 신부를 보면 감동적이다. 이를 계기로 모든 예식에 더 정성을 담아야 한다는 마음가짐으로 일하고 있다.

흰색컬러와 강한 콘트라스트를 주며 보라색을 포인트로 장식한 아치는 보라색의 어두움이 느껴지지 않고 화사함으로 다가온다. 꽃을 오래 하다 보면 보라색 꽃의 색감이 좋아진다는 말이 있다. 블랙에 가까운 보랏빛은 섹시한 느낌을 들게 하고 농도에 따라 다른 느낌을 내기 때문에 사용할 때마다 감동적이다. 콘트라스트가 강한 꽃 색감을 사용할 때는 각자의 색상을 조금 더 그룹핑 하면서 꽂는 것이 더 깔끔하게 나온다. 공간장식을 할 때는 멀리서 바라보는 느낌이 중요하다. 무대를 볼 때는 먼 거리에서 보고 장식하는 것이 더 예쁘게 나온다.

이젠 신부가 숨어 있는 예식은 끝났다. 당당하게 하객을 맞이하고 싶다는 신부님. 요즘 웨딩은 정해진 답이 없다. 틀에 박힌 예식은 지나갔다. 그들이 원하면 그게 답이다. 디자이너는 언제나 듣고 받아들여야 한다. 예술가로 나만의 길을 가는 게 아니기에 함께 소통하고 만들어가야 한다. 이야기를 듣고 그 이상을 해주면 되는 것이다.

무대 위 골드 빛 사각 오브제 장식은 마치 공연장의 모습을 연상케 한다. 오브제를 사용할 때는 공간을 채우는 것도 중요하지만 그 안에 깊이감과 공간감을 주는 것도 중요하다. 그래서 우리는 앞뒤 간격을 주며 꽃을 꽂아 더 풍성해 보이도록 작업을 한다.

모든 꽃이 예쁘다고 모두 앞으로 나오게 하면 어떠한 꽃도 돋보일 수 없다. 플로리스트는 꽃을 보고 판단해야 한다. 그래야 꽃이 가진 각자의 매력이 돋보일 수 있다.

사랑하는 그들을 축복하는 꽃비가 내리는듯한 느낌의 장식이다. 전체적으로 공간을 채우는 듯한 느낌의 디자인으로, 행잉을 하는 꽃과 컬러에 따라 느낌이 달라진다. 오늘은 보랏빛을 포인트로 한 송이의 꽃을 매달아 공간을 장식했다. 여러 꽃송이를 뭉쳐서 달게 되면 멀리서 보았을 때 부자연스럽기 때문에 한 송이씩 깊이감을 주는 게 중요하다.

언제나 아름다운 클래식한 느낌의 White Flowers. 순수하고 깨끗한 느낌으로 결혼식에서 인기가 많은 컬러이다. 이번 컨셉은 '그리너리 식목일' 컨셉이다. 모든 디자인을 숲처럼 연출하고 싶었기 때문에 꽃이 피는 방향대로 꽃을 꽂고 최대한 나무 느낌을 살렸다. 무대엔 나무를 그대로 옮겨 숲을 연출했고, 하객 테이블엔 일자 테이블을 놓아 나무 밑에 앉아서 식사하는 분위기를 연출했다. 도예를 전공한 신부와 어울리도록 새 도자기 오브제를 세팅해서 마치 숲속에 새들이 날아와 있는듯한 느낌의 컨셉을 잡았다. 잊을 수 없는 식목일 컨셉의 예식이다.

프랑스 정원처럼 양쪽이 같은 데칼코마니 형식의 정원을 연출하고 싶었다. 하지만 호텔웨딩 현장은 대리석 바닥이라는 것과 식물이 자라기 너무 어려운 지하라는 단점이 있는 공간이기 때문에 파리 출장 중에 계속 걸어다니며 로비 공간을 고민했다. 오랜 고민 끝에 분리할 수 있는 정원을 만들었다. 마치 움직이는 정원처럼 말이다. 시간이 오래 걸렸지만 식물이 자라기 적합한 형태의 오브제를 제작하고 식생이 가능하면서 최대한 웨딩에 어울리는 식물들을 테스트해서 만든 유럽의 정원이다. 넓은 로비를 채우니 더 이상 비어보이는 공간이 아닌 특별한 공간이 되었다. 모든 단점은 오히려 극복했을 때 더 가치가 있는 장점으로 변화된다고 믿는다.

Forest

이번 웨딩은 숲을 컨셉으로 블랙 바탕에 그린 컬러만으로도 화려할 수 있음을 보여주는 작업이었다. 버진로드에 많이 세팅되는 샹들리에의 블링함이 아닌 플라워 샹들리에를 세팅해 좀 더 공간을 풍성하게 채우면서 여름 느낌을 그대로 느낄 수 있게 제작해 '한여름 밤의 꿈'처럼 싱그럽고 화사한 느낌의 장식으로, 숲속의 비밀의 화원을 연출했다.

Garden Stage

모든 신랑 신부가 소중하고 기억에 남지만, 잘 소통이 되었던 팀들은 더 오랫동안 기억에 남는다. 이번 신랑 신부는 고객은 어려운 존재이며 조심해야 한다는 생각으로 일해왔던 내게 먼저 다가와 주셨고, 편하게 이야기를 나누면서 디자인할 수 있었다. 개성이 강한 신부를 만나면 새로운 공부를 할 수 있는 기회가 된다. 이 많은 색감과 디자인 중에서 원하는 것을 특정할 수 있는 모습을 보며 그게 어떤 매력인지 나도 다시 살펴보게 된다. 화이트&그린의 명확한 컬러 선택과, 자연과 같았으면 좋겠다는 신부의 의견을 반영해 어느 부분보다도 무대 디자인을 고민했고, 낮은 정원의 느낌이 좋다는 말에 정말 숲 같은 정원 컨셉을 만들어주고 싶었다. 하지만 6미터가 넘는 공간에 꽃 장식을 낮게 연출하면 자칫 비어 보일 수가 있어 주의해서 꽂아야 했다. 그냥 봤을 때는 느낌이 좋을지 모르나 예식이 끝나고 사진을 받았을 때도 돈을 투자한 가치가 느껴지길 바라기 때문이다. 물론 돈만 생각하며 디자인하지 않지만, 상품을 만드는 나는 내가 신부라는 생각을 가지고 진행을 하기 때문에 좀 더 효과적으로 해주는 편이다. 이번에는 가지에 꽃을 달 때 선을 하나씩 표현했고 가지 하나도 다 고민하며 각도를 잡은 날이라 아직도 기억에 생생하다.

각자 다른 색으로 살아온 신랑 신부가 색을 합함으로 아름다운 빛을 낸다는 의미로 최근 유행하는 샌드 세레머니 화이트&그린의 테이블 센터피스와 웨딩케이크

넓은 공간에 마음껏 장식을 할 수 있다는 건 행운이다. 그러나 막상 장식하려니 너무 넓고 높은 천장의 공간이라 그런지 꽃을 아무리 넣어도 채워지지 않았고, 홀에 들어가는 입구는 낮은 천장이 하나 더 있어서 낮아보이고 답답해 보였다. 특히 호텔 로비는 언제나 디자인하기 어려워 고민스러운 공간이기도 했다. 나는 오랜 고민 끝에 커튼을 내려보기로 했다. 처음에는 모두 답답할 것 같다고 반대했지만 매일 수도 없이 고민했기 때문에 내 결정을 무르고 싶지 않았다. 그래서 결국 그들의 의견을 참고해 커튼의 재질을 비치는 소재로 선택했고 상황에 따라 접을 수 있는 형태로 만들었다. 그렇게 한번 더 새로운 디자인이 나오게 되었다.

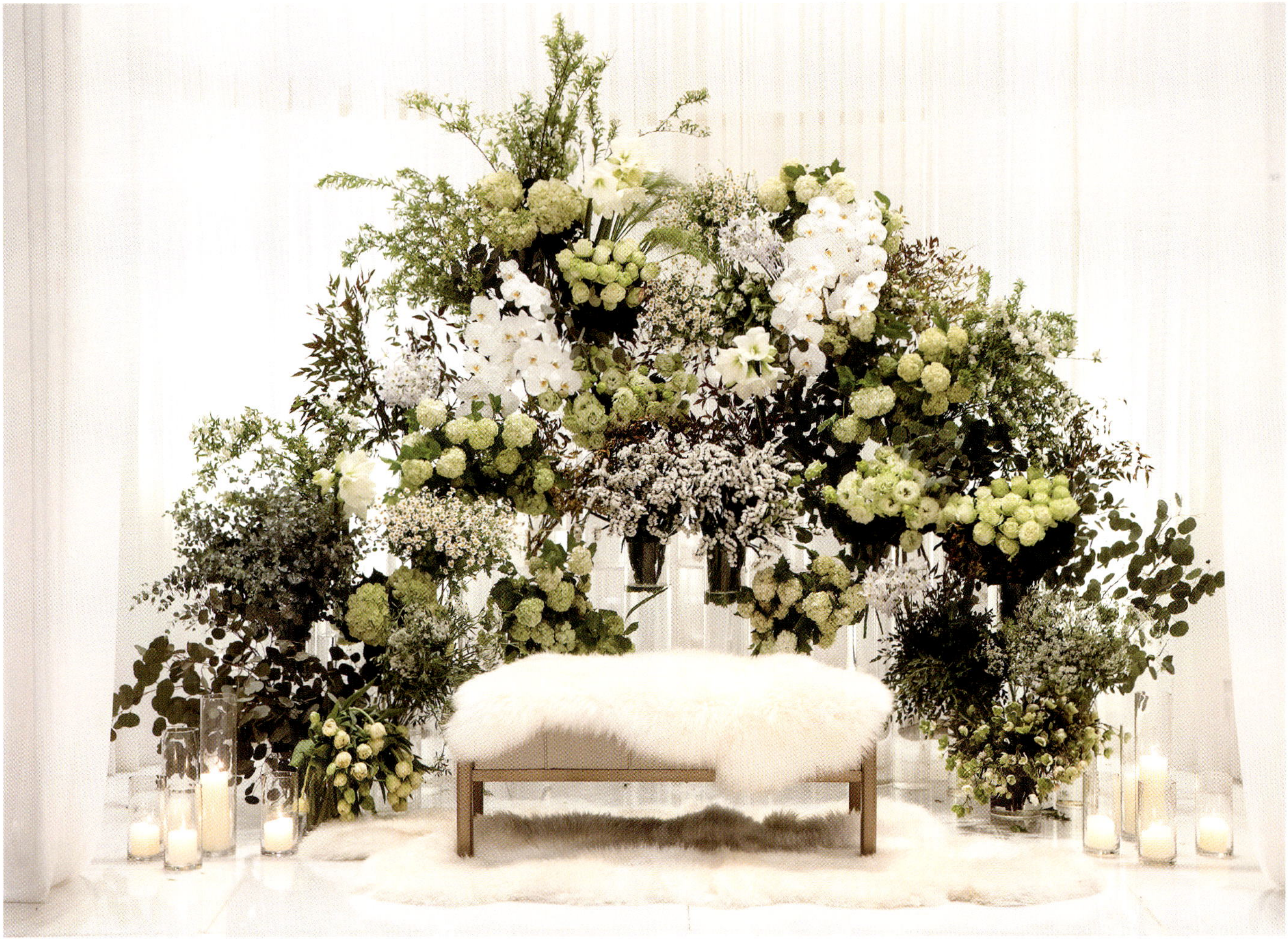

Le MERIDIEN
Jang Hyun Sik & Cho Min Jeong

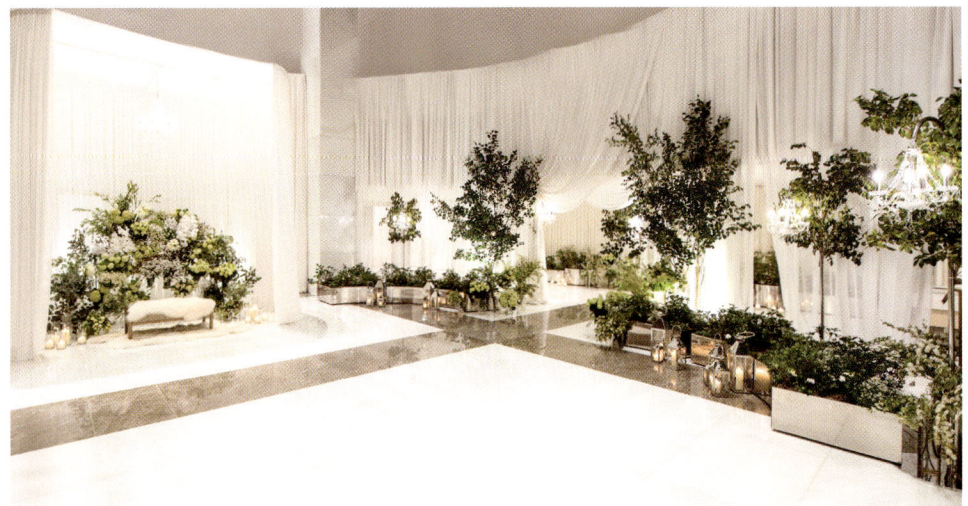

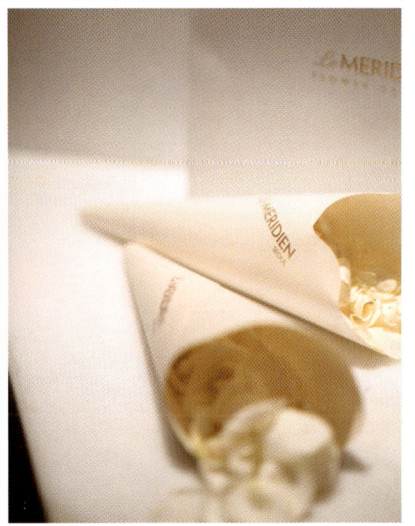

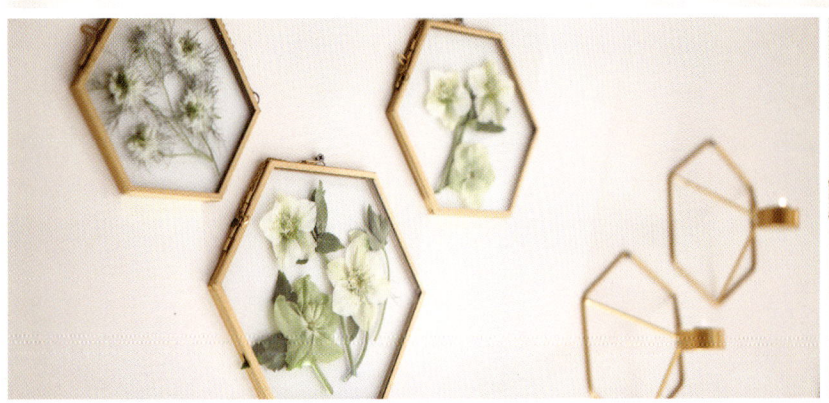

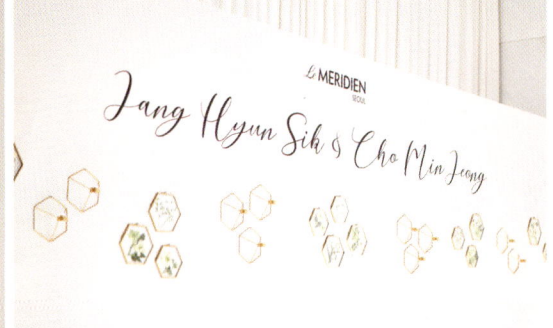

Arch

예전부터 인기가 많은 장식 중 하나인 Arch는 인생에 있어 그곳을 함께 통과함으로 새로운 시작을 의미한다.

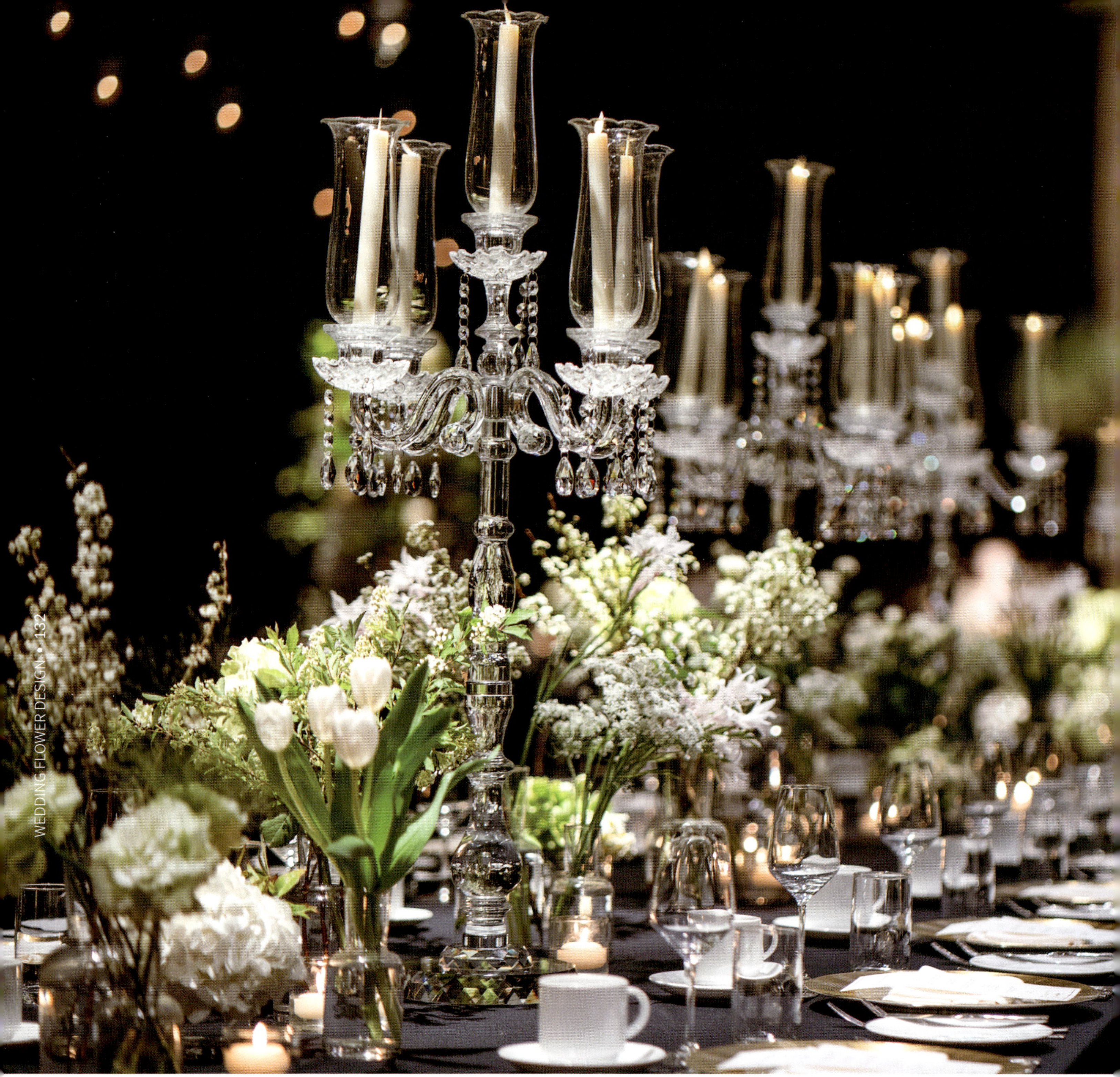

Le MERIDIEN
Yoon Jae Hoon & Seo Young Bin

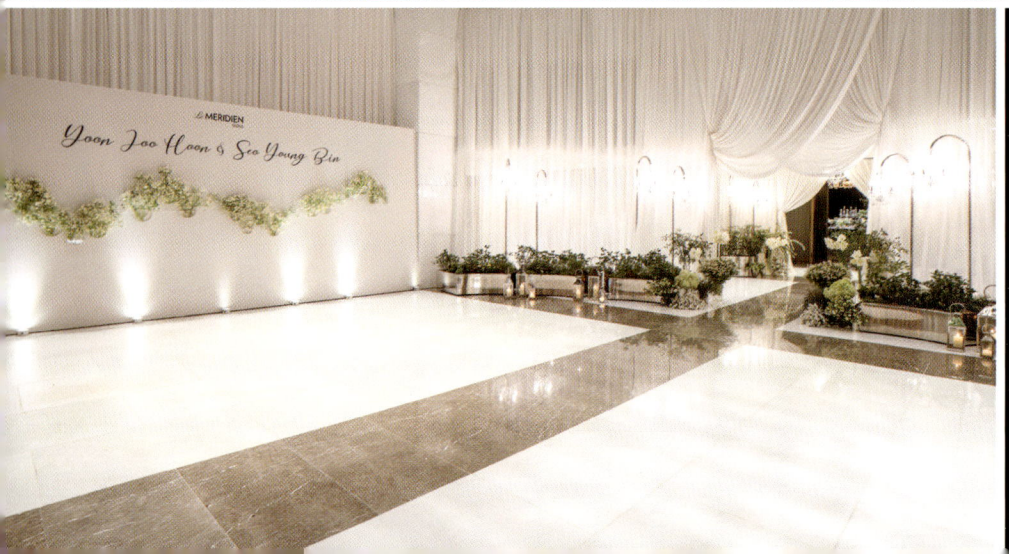

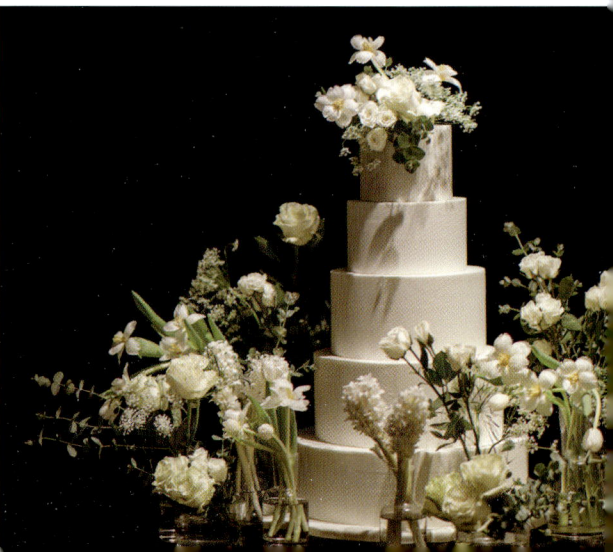

한 종류의 꽃만으로도 공간을 예쁘게 표현할 수 있다. 웨이브지게 장식한 포토월에 사용한 꽃은 캐모마일 종류의 하나인 '마트리카리아'로 꽃말은 '역경에 굴하지 않는 강인함'이다. 힘든 환경 속에도 굳건히 피는 꽃처럼 우리의 삶도 어쩌면 그런 역경을 이겨 내며 가야 하지 않을까? 바람에 흩날려도 굳건히 피어나는 예쁜 들꽃의 강인함처럼 모두가 힘든 시기를 함께 극복해나가길 기도한다.

같은 무대 디자인이라 할지라도 세팅하는 공간이 달라지면 느낌이 바뀌게 된다. 버진로드 입구 부분의 디자인을 변경하여 전혀 다른 느낌을 만들었다. 새하얀 꽃길 입구의 아치는 숲 속 같은 기분이 들게 한다.

무대와 통일된 디자인으로 장식한 버진로드 시작점. 사각 형태의 장식은 깨끗하고 깔끔한 느낌을 들게 한다. 무대와 통일된 느낌으로 사용한 테이블센터피스는 전체 공간의 디자인과 컬러의 통일로 편안한 느낌을 들게 하다.

블랙 배경의 화이트&그린 꽃장식은 클래식해 보이지만 조명의 역할에 따라 화려한 느낌이 되기도 한다. 신부가 초를 좋아해 밤하늘의 수많은 별처럼 천장에 초를 많이 달고 별이 쏟아지는 듯한 버진로드를 연출했다. 파리를 좋아하는 나는 버진로드의 디자인도 파리의 가로수 느낌을 표현하고 싶었다. 빈티지한 골드컬러의 오브제는 시간여행하는 느낌을 들게 해준다. 공간 오브제를 선택할 때 팁을 주자면 모든 것들이 화려하거나 강조될 경우 어수선해 보일 수 있기 때문에 포인트를 한 가지로 잡아 연출하는 것이다. 나는 이번 웨딩에는 골드로만 포인트를 잡아 연출했다.

화이트 그린의 여름 꽃들로 장식한 일자 테이블 플라워
골드를 포인트로 장식한 오브제 디자인

나만의 결혼식을 원하는 신부를 위해 만든 이 포토월은 호텔의 시그니처가 되었다. 드로잉은 매번 다른 느낌으로 연출해 디자인하는 재미가 있었다. 이번 웨딩에서는 하늘에서 해가 비추며 신랑 신부가 사진을 찍는 것처럼 보이는 포토월에 두 사람을 강조시켜야 했기에 낮게 장식하고 입구를 풍성하게 연출했다.

MERIDIEN
Kim Hong Suk
and
Han Wool

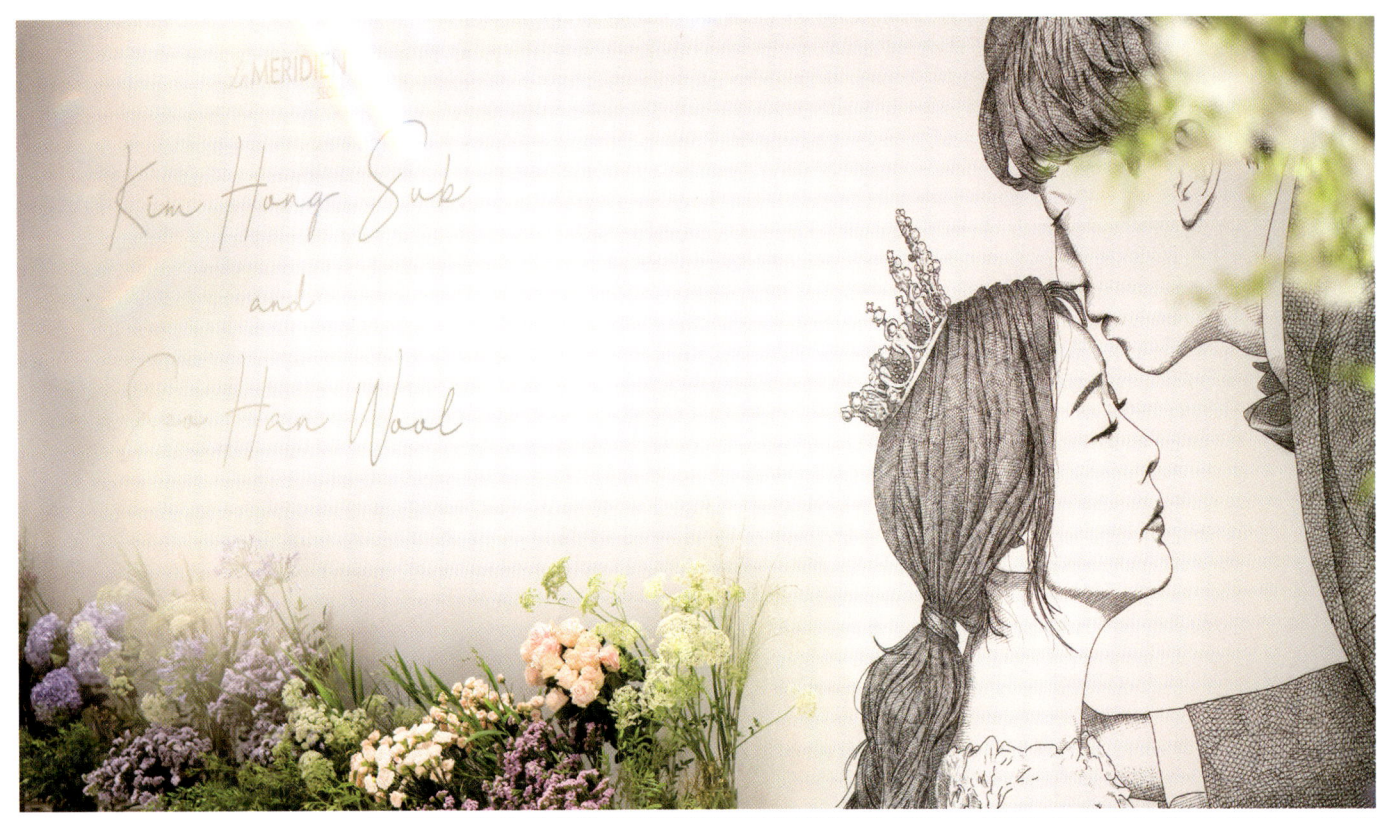

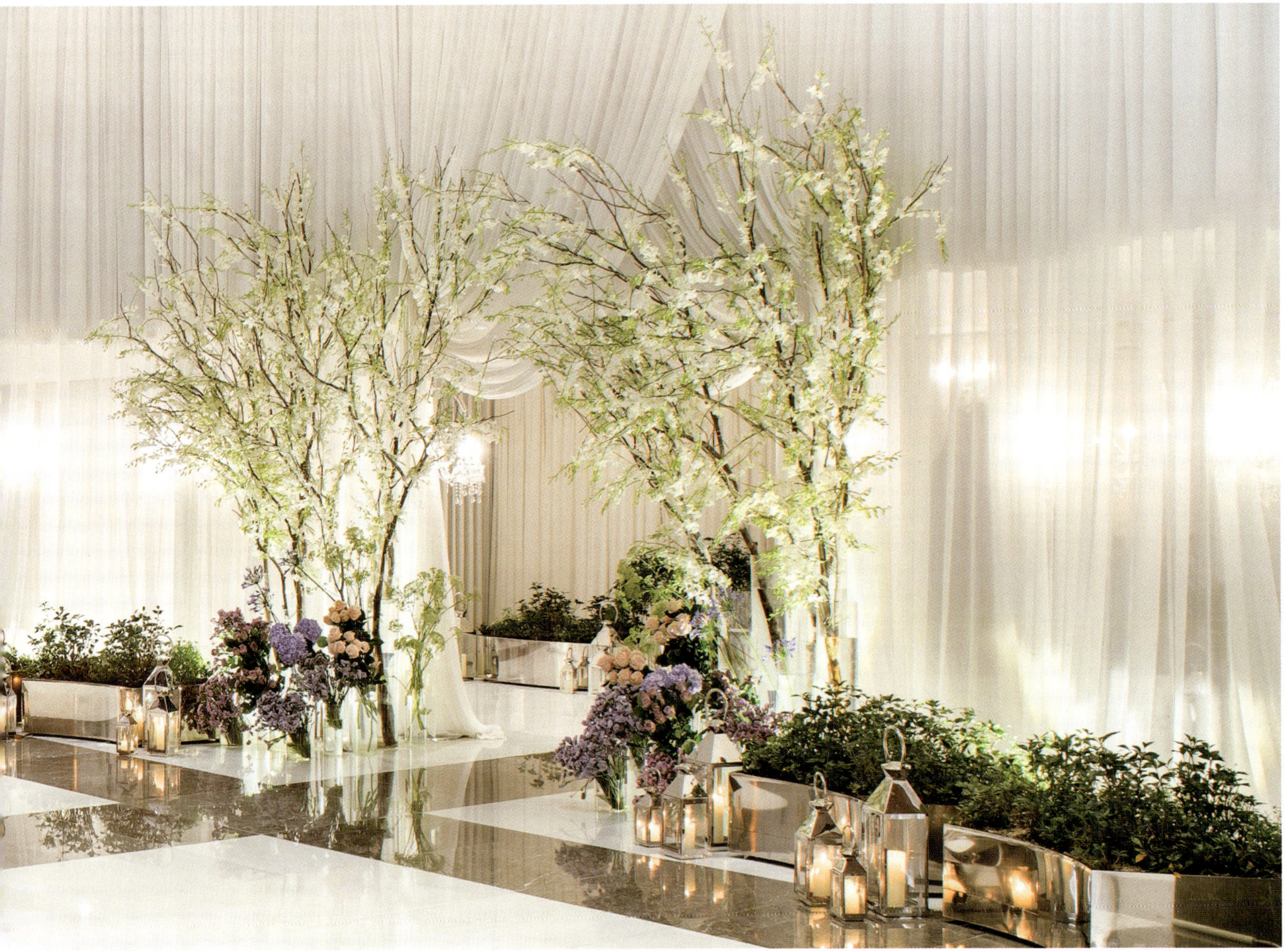

꽃과 나무의 매력은 변화하는 데 있다. 계절의 영향을 받으며 빛과 바람에 따라 다른 컬러와 모양을 내기 때문에 늘 꽃과 나무를 가까이해야 한다. 여름꽃은 소재들이 푸릇하다. 탁하지 않은 연둣빛 그린은 산뜻한 느낌의 색감을 내준다. 여름에만 사용할 수 있는 썸바디로 불리는 당근초와 물수국의 컬러는 청초하다. '망개'라고 불리는 청미래덩굴도 여름에만 풋사과 컬러를 내준다.

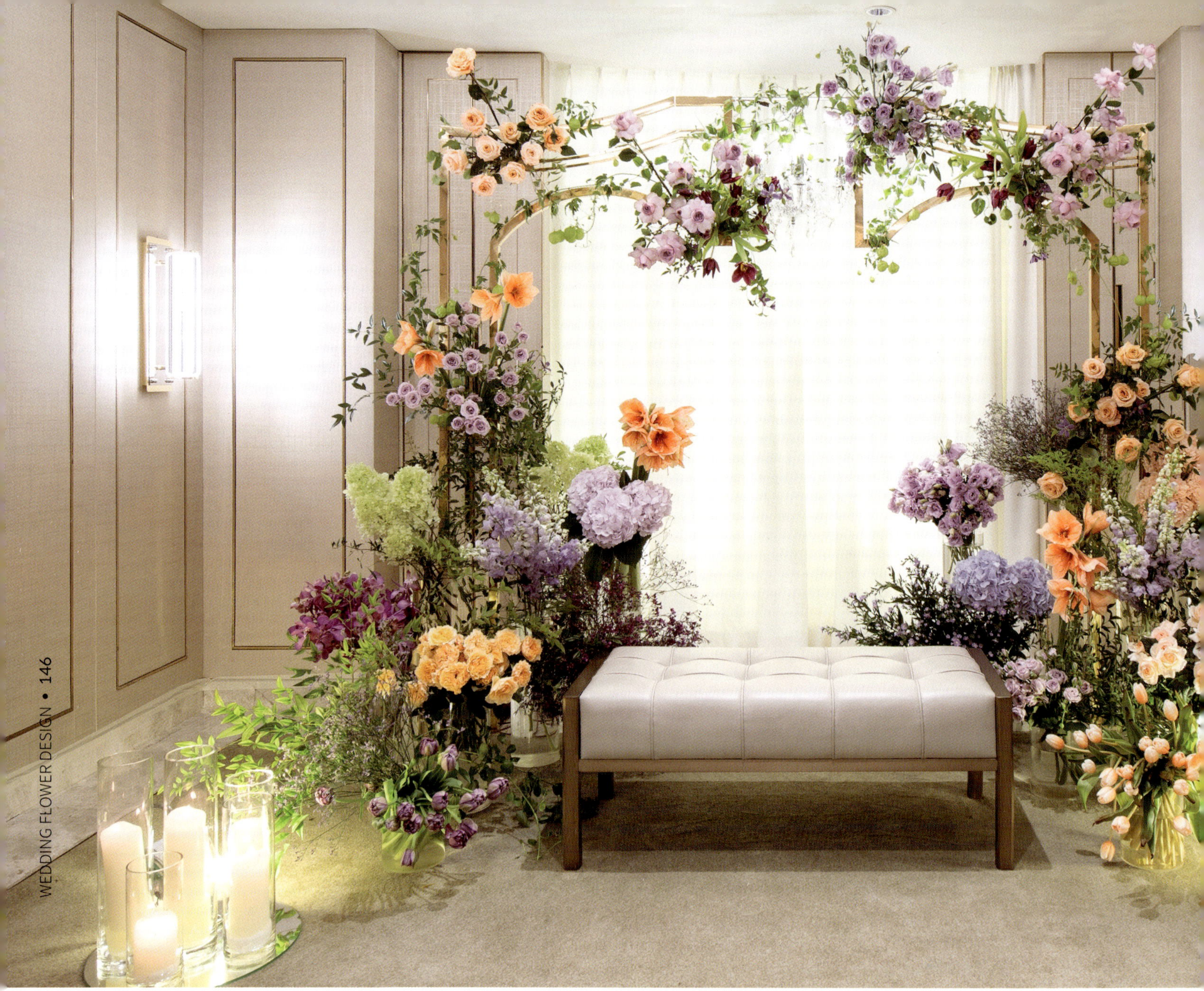

Le MERIDIEN
SEOUL
Kim SeungHoon
and
Han SungWon

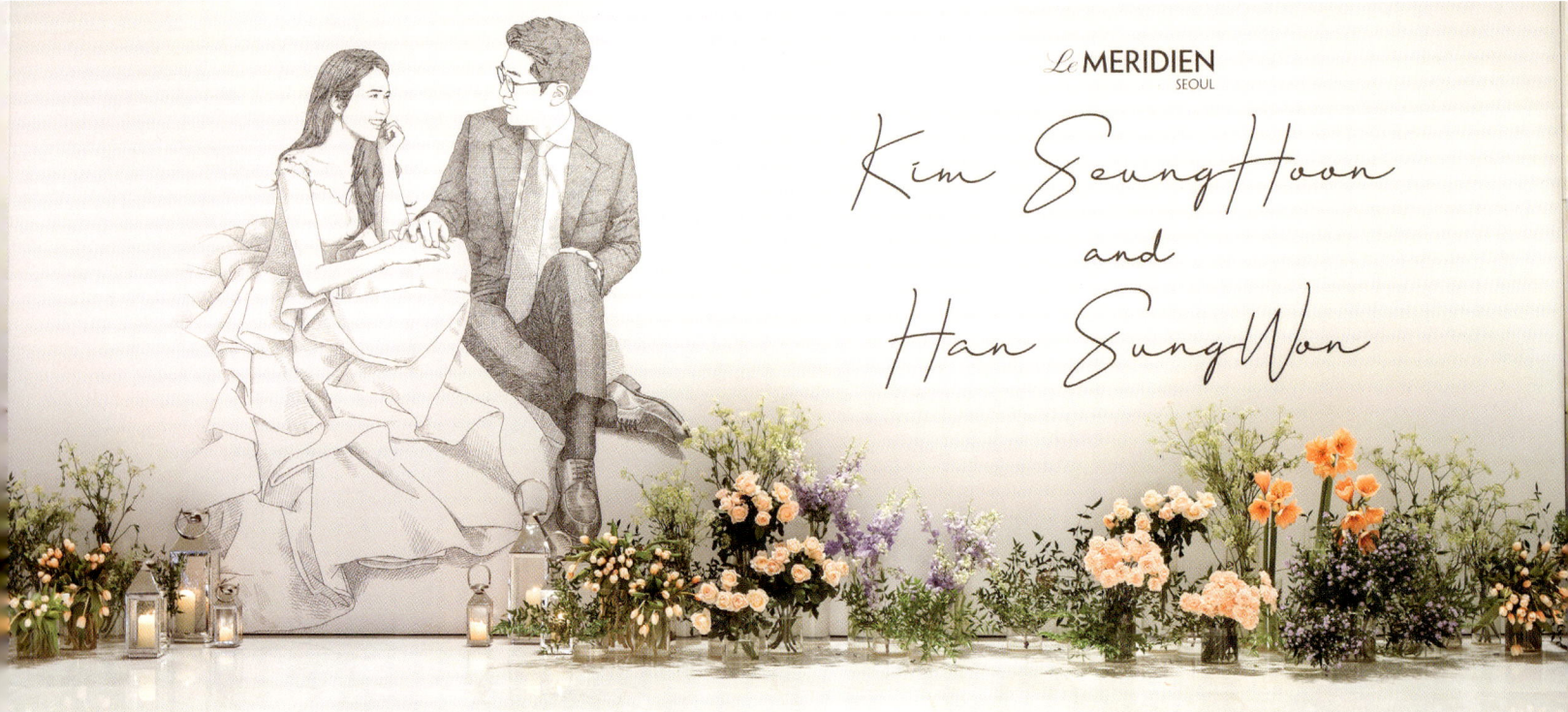

불교식으로 혼례를 치를 땐 신랑이 5송이, 신부가 2송이 꽃을 공양하여 서로 축복하는 관례가 있다. 이처럼 다양한 예식을 완성할 때마다 나는 또 하나의 배움을 얻는다.

STAGE

디자인은 오래 고민해 만들기도 하지만 가끔은 우연히 나올 때도 있다. 호텔 전반의 공간을 장식해야 하는 나는 크리스마스 시즌이 지나면 1년간 사용하지 못하는 오브제가 너무 아까웠다. 활용법을 고민하다 오브제에 다리를 붙이고, 절단하고 이어 새롭게 만들어봤다. '이게 맞는 건가?'하는 고민이 들 땐 항상 많은 이에게 질문을 하고 답을 듣는다. 다양한 의견을 듣고 수용하는 습관은 중요하다. 대신 나만의 색은 잃지 않아야 한다.

새로운 디자인을 할 때는 연습도 중요하지만 같은 디자인이지만 다른 공간에 있을 때 어떤 느낌인지 보는 것도 필요하다. 상상하고 다시 그려 보고 위치가 바뀌면 꽃의 형태도 변화를 줘야 한다. 웨딩공간의 꽃은 그냥 예뻐서는 안 된다. 상황과 현장에 맞게 고민하고 바꿔야 한다. 현장에서 공간을 만지는 우리는 유동적으로 받아들이고 변화시킬 수 있는 공간 감각이 필수적이다.

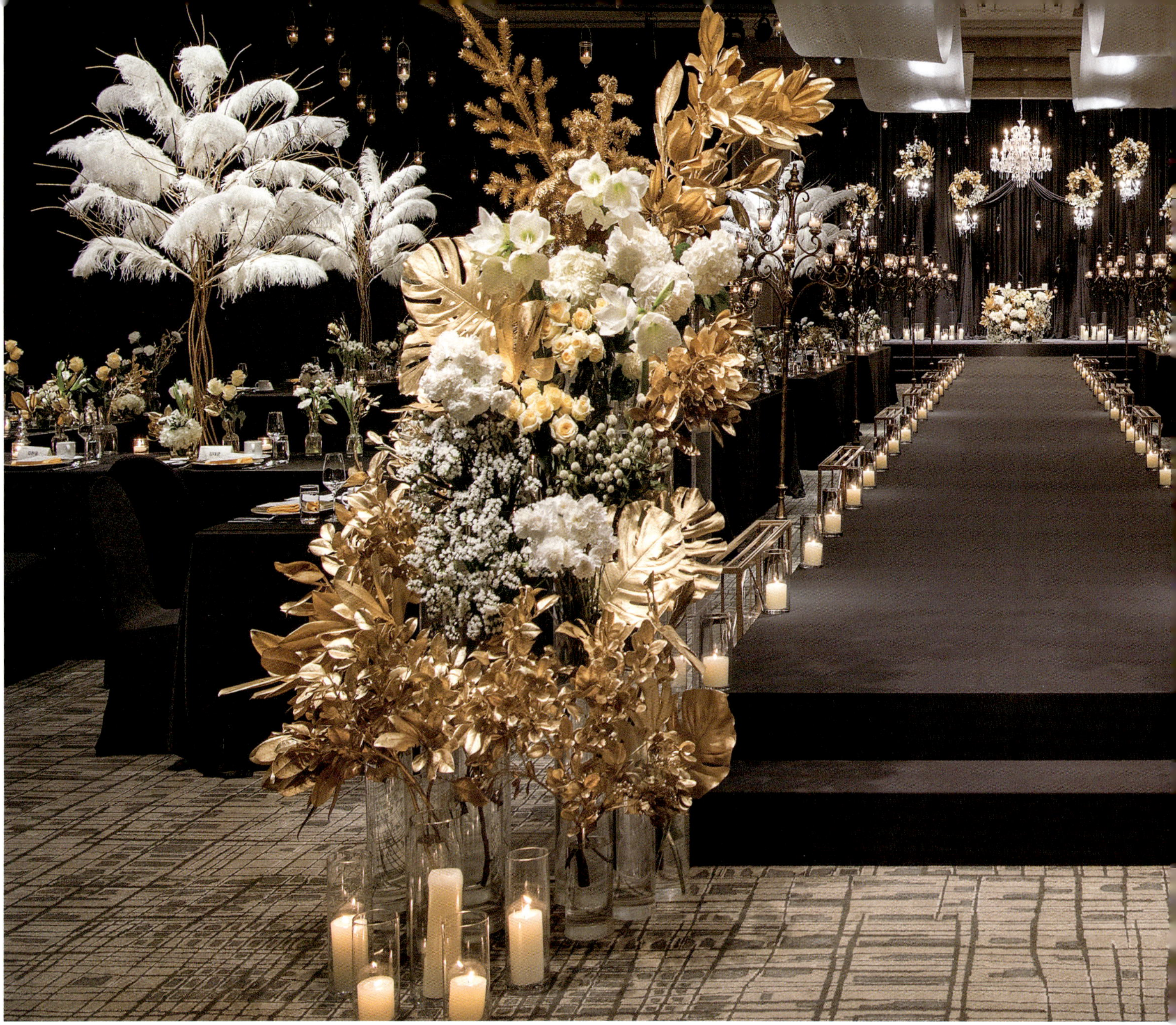

Le MERIDIEN
Le MERIDIEN
SEOUL
Seo Jaewoo
and
Park Saebyeol

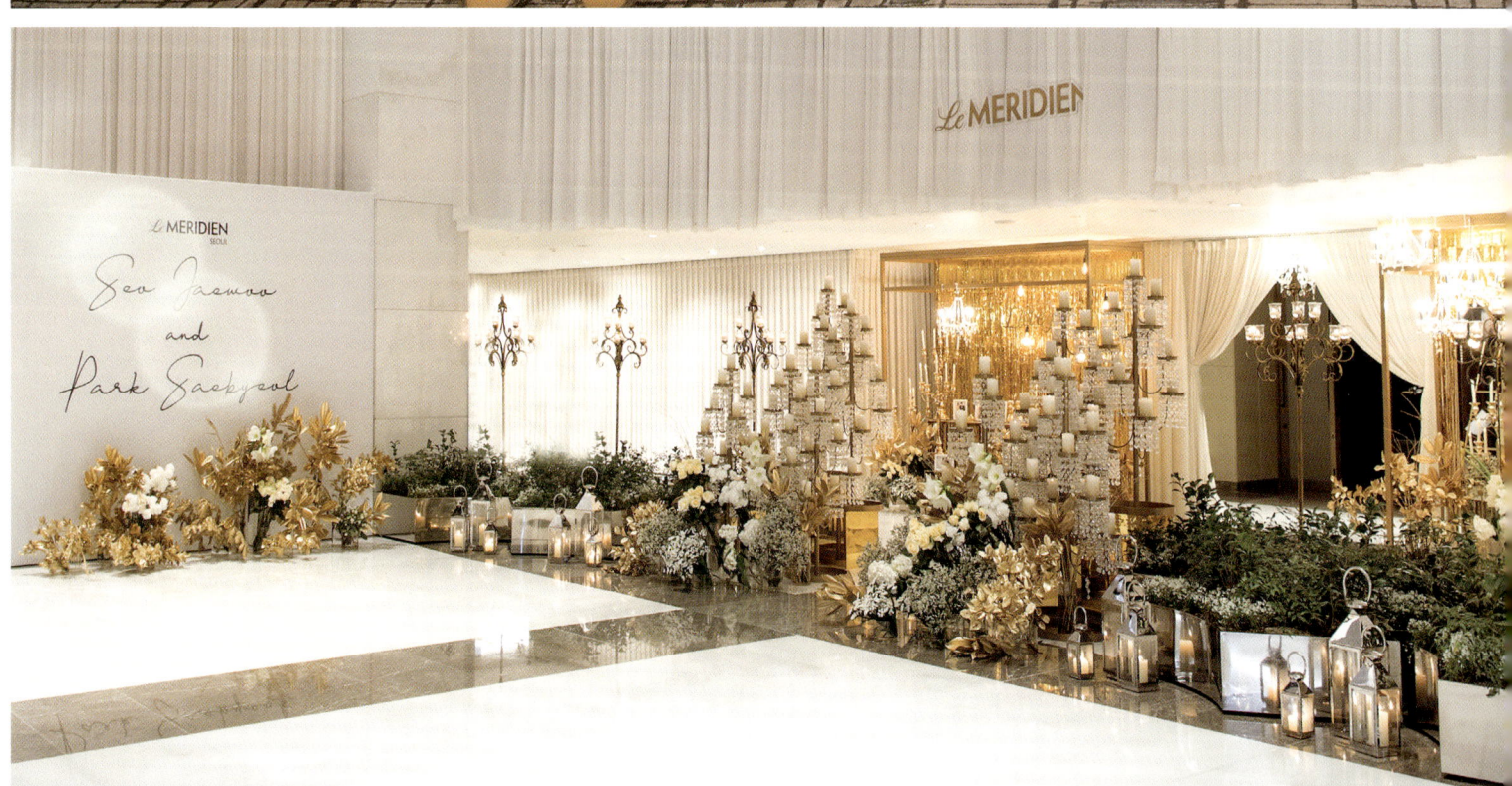

종종 오랜시간 나의 꽃을 봐주고 찾아오는 분들이 있다. 그 순간은 내가 했던 일들이 뿌듯하게 느껴지는 감사한 순간이다.
웨딩상담을 온 신부가 1년전 내가 디자인했던 패키지 행사 중 한 사진을 가져오시면서 기존 웨딩과는 다른 느낌의 결혼식 컨셉(골드, 깃털, 팜파스)를 원한다고 요청했다. 행사의 느낌을 원하지만 그 안에 따듯하고 사랑스러운 웨딩의 느낌을 더해야 했다. 어려운 고민 끝에 나는 디자인을 구성하고 꽃과 소재들을 정했다. 골드색상을 내기 위해 그린 소재에 페인트를 칠했다. 가지를 일일이 칠해야하므로 손이 두 배 이상은 가는 작업이었다. 칠하고 말리는 과정을 반복하며 세심하게 작업을 마무리했다. 꽃은 페인트칠이 어렵기 때문에 노란 계열의 꽃들을 포인트로 하고 모든 오브제는 골드색상을 사용했다. 호텔 행사에만 사용했던 노란 컬러의 냅킨도 처음으로 웨딩에 사용해 보았다 작은 디테일이 모여 완성된 12월의 파티 웨딩이다.

처음과 끝이 연결되어있는 동그란 원형의 리스는 '영원한 사랑'을 의미해 웨딩과 더욱 잘 어울리는 디자인 중 하나이다. 천장이 낮은 작은 홀이라 자칫 잘못하면 무대 리스가 답답하게 껴있는 듯이 보일 수도 있지만, 비율을 잘 맞춰 준다면 더 아름다운 공간으로 탄생된다. 천장이 낮은 공간에서는 오브제를 너무 높게 사용하지 않고, 하단 중심의 꽃 디자인과 포인트 되는 색감을 균형 있게 사용하면 더 풍성하고 화려한 공간 디자인을 완성할 수 있다.

플로리스트이자 호텔리어의 삶을 오래도록 걸어오며 생긴 나만의 가치관은 '고객에게 절대 안 된다는 말을 하지 말자'이다. 직원들은 힘들겠지만, 어떠한 상황에서도 최선을 다해 방법을 찾는 것이 이곳에서 일하는 사람의 자세여야 한다고 생각한다. 꽃일도 일종의 서비스업이다. 꽃이라는 매체를 통해 고객에게 가장 중요한 날을 기념하게 해주는 서비스 말이다. 이번 웨딩의 경우 교회에서 하려고 했던 예식을 호텔에서 진행하게 되었다. 신랑 신부의 처음 계획에 크게 벗어나지 않도록 교회의 따뜻한 분위기를 홀에 데려오고 싶었다. 신랑 신부가 추구하는 웨딩 이야기를 들으며 나는 계속 디자인을 구성했고, 의미 있는 단상과 십자가를 연출해 클래식한 분위기의 웨딩을 탄생시켰다.

공간을 장식할 때 중요하게 봐야 할 부분은 주변 공간을 보는 것이다. 어색하지 않도록 공간에 사용한 재질과 컬러를 보고 같은 느낌으로 가면 쉽게 디자인 할 수 있다. 대신 통일감을 잃지 않는 것이 중요하다. 골드와 우드 컬러가 많은 공간이라 같은 느낌을 사용해 본 예식이다.

미션 같은 웨딩이 있었다. 유명인의 결혼식으로 해외 셀럽이 축하를 올 정도로 중요했던 결혼식이었기 때문에 호텔에서도 신경을 많이 쓰고 있었다. 나 또한 처음 맡았던 공간이라 아직 공간에 대한 이해가 완벽하지 않았던 시기였지만, 처음이 가장 중요하기 때문에 그저 잘하고 싶은 마음뿐이었다.
내겐 늘 특별한 신부가 그날의 주인공이 되어 누구보다 주목받고 행복해하는 모습을 상상하며 두 달을 밤낮 없이 준비했다. 그렇게 부임 후 나의 첫 디자인이 완성되었다.

Signature

파티처럼 모두가 즐기는 예식이 진행되었다. 많은 셀럽이 오는 예식이기에 포토존을 신경써달라는 요청을 받았다. 그러나 신부는 숨어있듯 안쪽에 있고 하객이 주인공이 되는 결혼식이 싫어 신부를 설득해 로비에 신부 대기실을 디자인했다. 하객들도 처음에는 낯선 분위기에 당황하기도 했지만 신부가 모든 스포트라이트를 받으며 빛나는 모습을 보니 정말 뿌듯했다. 이날의 주인공은 오직 신부뿐이었다. 위험했고 과감했던 제안이었지만, 날 믿어준 신부님 덕분에 좋은 결과를 얻을 수 있었다. 그렇게 또 하나의 시그니처가 탄생했다.

우리 직업은 밤을 새우며 일하는 경우가 많다. 생명을 가진 꽃을 미리 꽃을 수도 없고 주말 웨딩이면 저녁 예식을 마치고 다음날 예식을 세팅해야 하기 때문에 체력관리는 필수적이다. 졸린 와중에 직원들과 상의하고 사진을 찍어가며 새로운 디자인을 생각한 뒤 사진을 편집해 손님에게 제안한다. 실제로 진행해본 예식도 아니었는데 시도해보자고 하니 고마운 마음에 더 신경을 쓴다. 실제 세팅을 마치고 좋아하는 신부를 보면 내가 다 감사하다.

직업에는 귀천이 없지만 내가 존경하는 직업 중 하나가 '의사 선생님'이다. 웬만한 사명감이 없으면 할 수 없는 일이기 때문이다. 내가 존경하는 직업을 가진 사람들이 나에게 웨딩을 의뢰하기 위해 찾아왔다. 나는 선남선녀 의사 커플에게 잘 어울리는 사랑스러운 피치 컬러 웨딩을 제안했고, 그들에게 더할 나위 없이 청순한 느낌의 예식을 선물했다. 나의 직업은 의사 선생님들처럼 사람을 살리거나 세상을 크게 변화시킬 수 없지만 내게 온 그들에게 최선을 다하고 그들이 행복해하는 모습을 보면 나도 모르게 사명감이 피어난다.

모든 웨딩을 전부 새롭게 디자인하는 것은 어렵다. 이 일을 해본 사람들은 알 수 있듯이 매번 오브제를 바꿀 수 없기에 우리는 작은 변화를 줄 방법을 계속 연구해야 한다. 이번 웨딩에선 조명이 닿지 않은 공간에 업라이트를 설치하고 호텔에 있는 비즈 걸이를 샹들리에와 함께 달아보았다. 코로나로 인해 50명 이하의 인원만 들어갈 수 있다는 제약 때문에 큰 공간이 비어 보이지 않고 가득 찰 수 있도록 디자인을 변경한 것이다. 이렇게 조금씩 변화를 주며, 나는 매일 다른 예식을 만들어가고 있다.

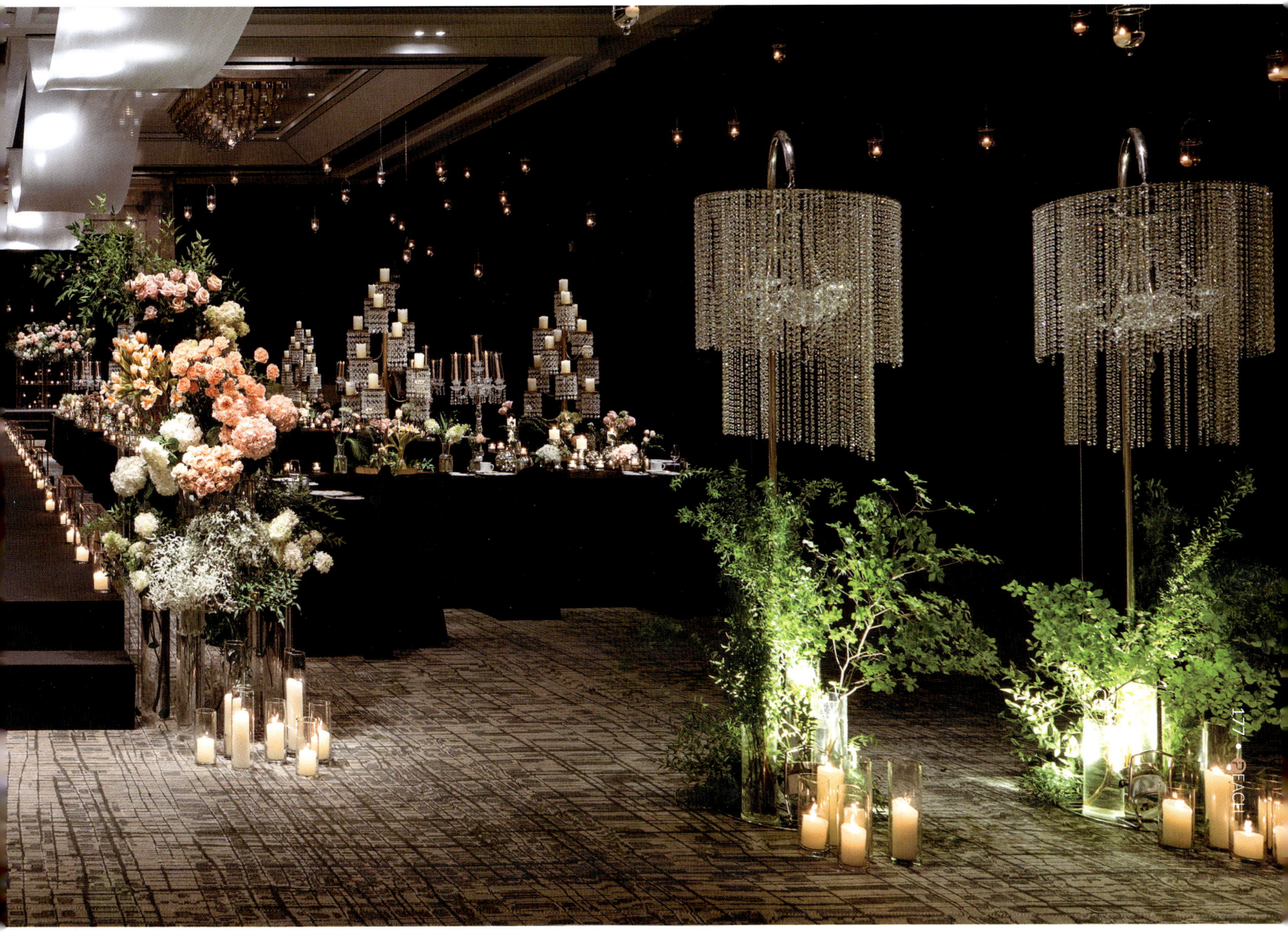

Le MERIDIEN
SEOUL
Kang DongHoon & Choi JiYeon

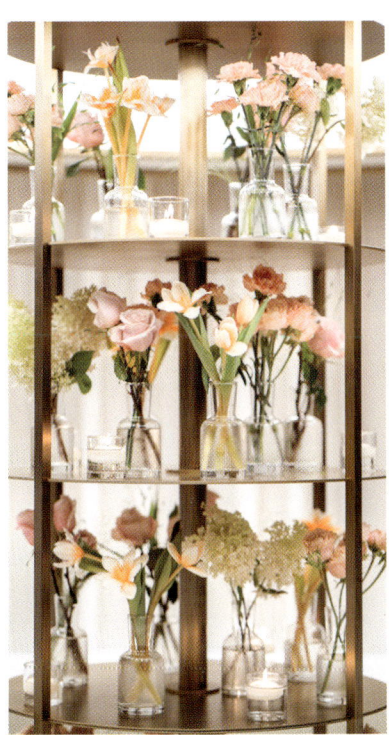

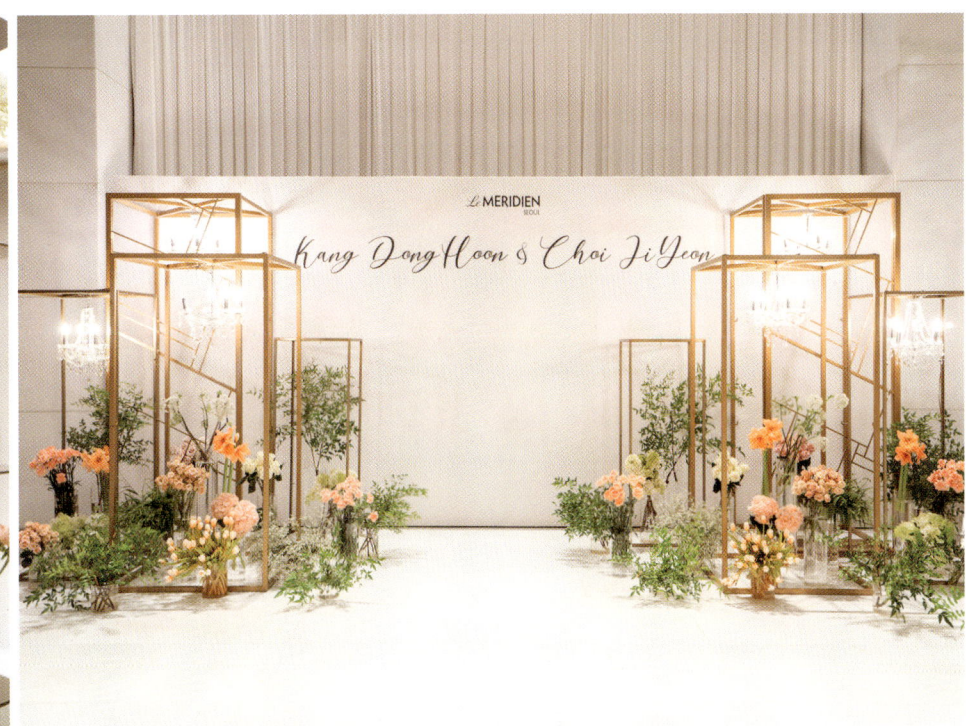

Yellow Wedding

대부분 사람들은 노란색을 결혼식과 연관시키기 어려워한다.
하지만 노란컬러는 의외로 봄처럼 밝은 분위기를 연출해 예상치 못한 아름다움을 보여준다.

웨딩 일을 오래 했지만 이렇게 밝은 노란색으로 장식해본 건 나도 이곳에서 처음이다.
대부분 이벤트 행사에서만 사용하는 밝은 컬러라 웨딩에선 잘 사용하지 않았기 때문이다.
신부님이 좋아하는 색상이라고 하기에 최선을 다해 공간을 연출했다.
꽃에는 정해진 답이 없고, 웨딩은 무조건 예뻐야 하기 때문이다

Yellow Flower Story

예쁜 노란색을 가진 꽃을 모두 사용했다. 봄에만 피는 유채꽃, 망고컬러의 튤립, 물 타지 않은 듯한 진한 장미, 생명력이 좋은 난 아란다, 작고 동글동글해서 포인트로 쓰기 좋은 골든볼, 날아가는 나비를 연상케 하는 라넌큘러스(버터플라이), 향기가 좋아 인기 많은 프리지아, 어버이날에만 쓴다는 편견이 있는 카네이션, 이름에서도 알 수 있는 둥글한 국화 퐁퐁, 물을 좋아하는 수국, 레몬 향기를 내는 왁스플라워. 이 모든 소재가 노란 컬러의 예쁜 꽃들이다. 한 가지만 사용하는 경우도 있지만 가까이에 있는 테이블 센터피스의 경우 하객들이 보면서 즐겼으면 하는 마음에 다양한 소재들을 사용하는 편이다.

공간을 본다는 건 아직도 너무 어렵다. 나에게 공간을 알려주는 선생님 같은 곳은 바로 미술관이다. 나는 그곳에서 최대한 많은 것을 보고 받아들이려고 한다. 꽃을 하는 사람은 꽃만 알아서는 안 된다. 다른 영역의 아티스트를 보면서 꾸준히 영감을 받는다.

모든 디자이너에게 통용되는 말이지만 최대한 많은 경험을 통해 시야를 넓히는 것이 중요하다. 딱 어떠한 것을 배운다기보다는 눈을 높이는 일이다. 미술관에서 받은 영감을 하나씩 웨딩에 적용해보면서 나도 한 단계씩 발전해나간다.

나는 꽃이 다양하고 화려할 경우 오브제의 느낌을 통일해 꽃을 돋보이게 하는 편이다. 이번 웨딩도 화려한 꽃을 사용하기에 기존에 가지고 있던 사각 오브제에 비즈로 포인트를 주었다. 비즈 샘플을 골라 계속 연습하고 또 연습했다. 새로운 디자인을 만들 땐 매일 다시 보며 보완해나가면 실패를 줄일 수 있다. 이번 오브제는 비즈가 엉키는 것이 가장 큰 문제라 지나가다가도 한 번씩 쳐다보며 많은 수정을 했다. 회사에서 우리를 볼 땐 왜 저렇게 만들고 붙이고 하나 싶겠지만, 우리 나름의 연구 방법이다.

- 무대와 통일된 느낌으로 사용한 비즈 테이블 센터피스
- 선물 상자의 모양으로 좋은 날이라는 의미의 Present Box

직접 맡는 꽃향은 어떠한 조향보다 경이롭다. 요즘은 신품종이 많아지면서 향이 없는 꽃이 많아졌지만 나는 신부대기실과 로비는 은은한 향이 있는 꽃을 꼭 사용한다. 향기는 그날의 상황을 기억하게 해주는 힘을 가지고 있기 때문이다. 향이 좋은 히아신스와 조향사들이 좋아하는 작약, 특유의 향을 내는 자스민, 우리에게 익숙한 향인 장미를 사용했다. 은은한 향기는 긴장한 신부와 혼주를 진정시켜준다. 또 하객들이 식장에 가득한 꽃향기를 느껴 이 웨딩을 잘 기억하기 바라는 마음을 담아 디자인했다.

여름 웨딩은 모두 푸릇하다고만 생각하지만, 나는 계절과 별개로 신부가 원하는 느낌을 살려 공간을 디자인하는 편이다. 이번 웨딩도 그린 계열의 나무와 능수버들이 좋다는 신부의 취향을 반영했다. 멋스러운 선을 가진 능수버들은 보통 호텔 로비 장식에 많이 사용하는데 웨딩에 사용하면 이 또한 멋스럽게 나온다. 나무로 만든 테이블 센터피스에 능수버들을 더 달아 하나씩 시원하게 뻗어 나가듯이 붙여나갔다. 또한 그린의 푸릇한 버진 로드 입구에 3미터 높이의 나무와 능수버들이 어울리도록 능수버들 하단을 그리너리하게 디자인했다.

테이블에 올라가는 꽃은 '중앙에 놓여지는 작은 꽃'이라고 해서 센터피스라 부른다. 식사하는 동안 계속 눈앞에 있는 장식이기 때문에 디테일한 부분을 신경 써서 꽂아야 한다. 향이 너무 진한 꽃을 다량으로 쓰는 것은 피하는 게 좋다. 식사하는 테이블이기 때문에 와인의 향을 느끼지 못할 수도 있고, 식사할 때 불편함을 줄 수 있기 때문이다. 또한 전체 공간도 봐야 하기에 높낮이를 주는 센터피스로 장식하고, 공간을 채울 때는 'High, Middle, Low'로 나눠 어울리는 오브제를 사용하는 것이 좋다.

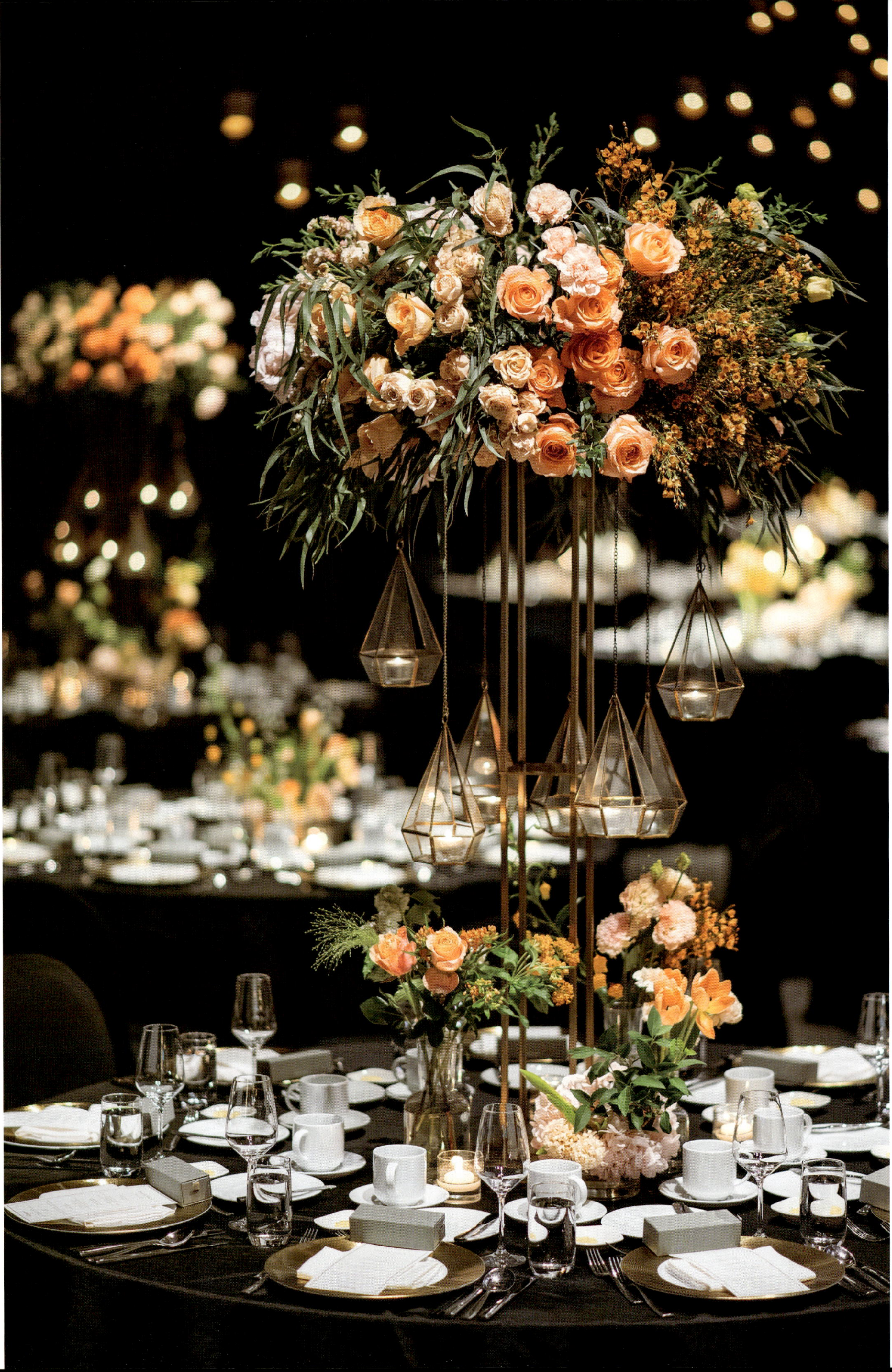

블랙배경에 사용한 피치, 오렌지 컬러의 꽃은 색감이 강렬해보여 더욱 화려한 느낌을 준다. 꽃의 색감은 볼수록 오묘한 색을 보여준다. 쉽게 알고 있는 장미만 봐도 같은 종류이지만, 매주 다른 색이 나온다. 꽃이 피는 개화 시기에 따라서 얼굴의 모양도 다르고 색감도 다르다. 요즘은 하우스에서 키우거나 수입 품종도 많아 꽃이 피고 지는 생육에 따라 다른 모양과 빛을 내기에 나오는 시기도 체크해야 한다.

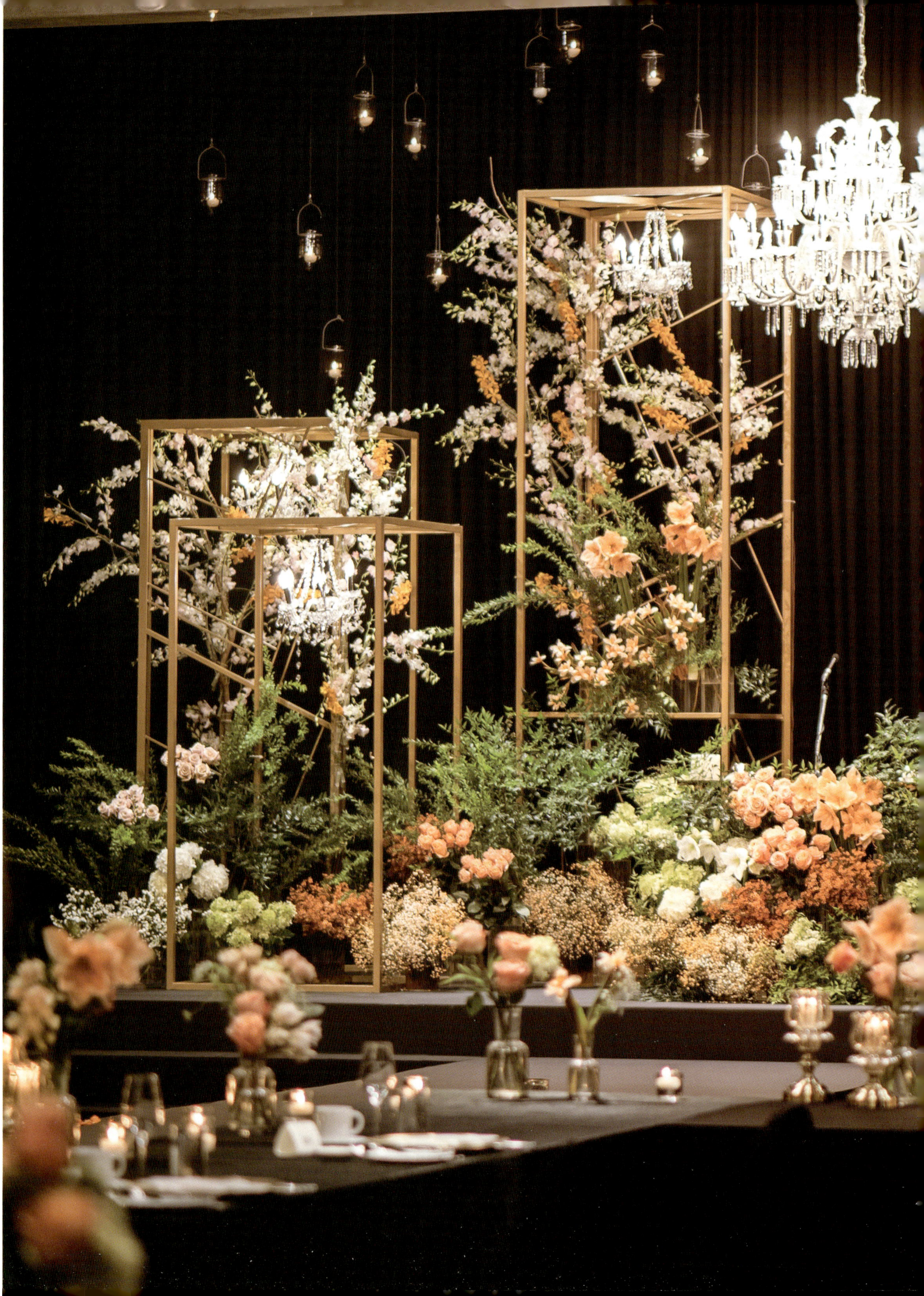

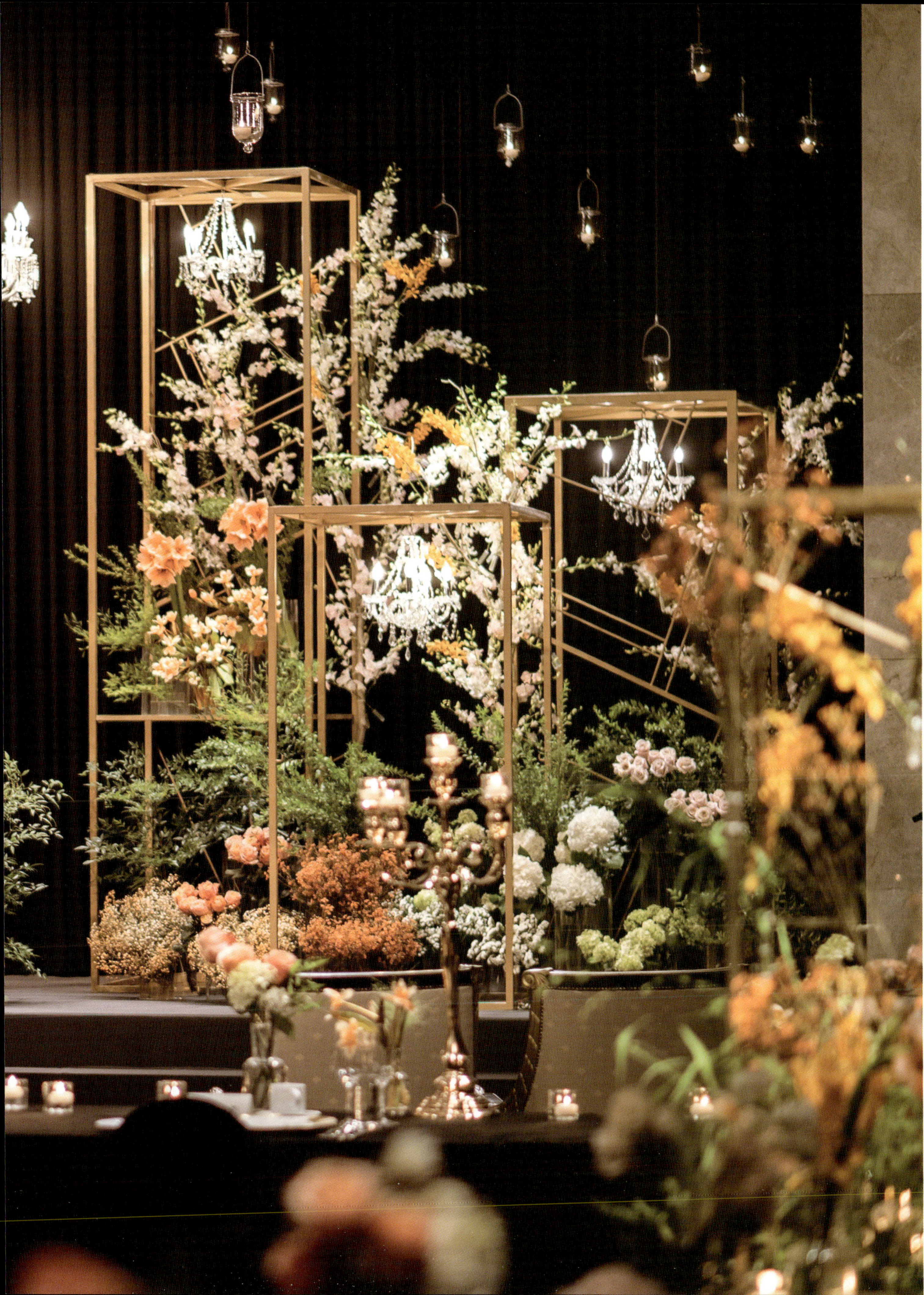

Corona Wedding

가장 행복하고 즐거워야 할 웨딩에 코로나 사태는 신랑 신부에게 정말 눈물 나는 일이다. 결혼식 3일 전 급작스러운 정부의 발표에 300명 넘게 들어가는 공간을 49명으로 제한해야 하는 초유의 사태가 벌어졌다. 말도 안 되는 일이었다. 밤부터 걸려오는 전화를 받으며 웨딩팀과 우리는 모든 미팅을 다시 진행했다. 눈이 퉁퉁 부어 달려온 신랑 신부에게 내가 다 죄송한 순간이었다. 눈물을 멈추지 못하는 신부에겐 넓은 공간이 비어 보이지 않게 꼭 예쁘게 해드리겠다고 당당히 말했다. 3일 동안 연회팀과 웨딩팀은 계속 연구하며 이리저리 세팅해보고 코로나 레이아웃을 완성했다. 당일 환하게 웃으며 들어오는 신부를 보니 너무 뿌듯했다. 나는 어느 때보다 더 크게 박수치며 입장하는 신부의 모습을 바라보았다. 위기는 곧 기회라는 말처럼 어떤 일도 감당할 수 있는 일이라 생각한다.

사람들이 감동하는 디자인을 만들고 싶다. 아직 일상 속에 늘 꽃이 있는 문화는 아니기에 가끔 보는 꽃으로라도 감동을 받았으면 좋겠다. 나는 꽃이 정말 예쁘고 향기롭다는 것을 모든 사람들이 느꼈으면 하는 마음으로 장식한다. 그래서 어떤 상황에서도 공간 장식은 예쁘게 나오길 바란다.

Bouquet

부케는 중세 유럽에서 남자들이 사랑하는 여자에게 구애하기 위해 들판에 핀 꽃을 꺾어 다발로 들고 가던 것에서 유래되었다. 이를 받은 여자는 남자의 구애에 대한 허락의 표시로 꽃묶음 중 한 송이를 뽑아 남자의 가슴에 달아 주었는데, 이것이 바로 부토니아다. 과거부터 사랑을 표현할 때 언제나 함께하는 꽃은 향기와 의미로 말보다 더 강렬한 메시지를 전달해주었다.

신부와 언제나 함께하는 부케는 신부가 머무는 공간에 따라 색상을 바꿔 드는 경우도 있다. 결혼식 동안 들고 있는 부케는 웨딩에 있어 가장 중요하다. 부케는 드레스 라인에 그리고 신부님의 이미지에 가장 중요하지만, 홀과의 연계성도 중요하다. 정해진 답은 없으나 가장 쉬운 방법 중 하나는 그 공간에서의 색상을 잘 선택하면 가장 쉽게 어울리는 부케를 만들 수 있다.

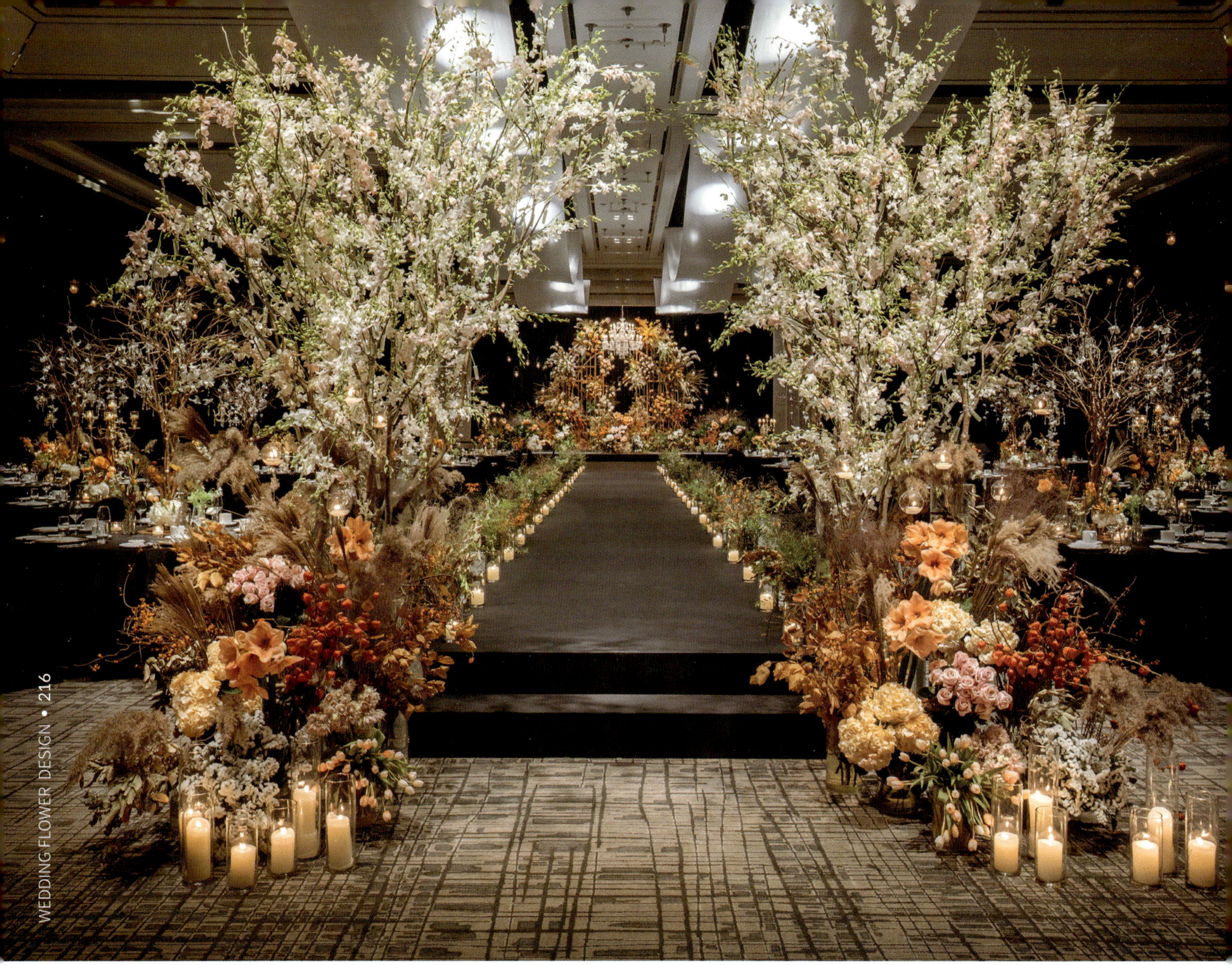

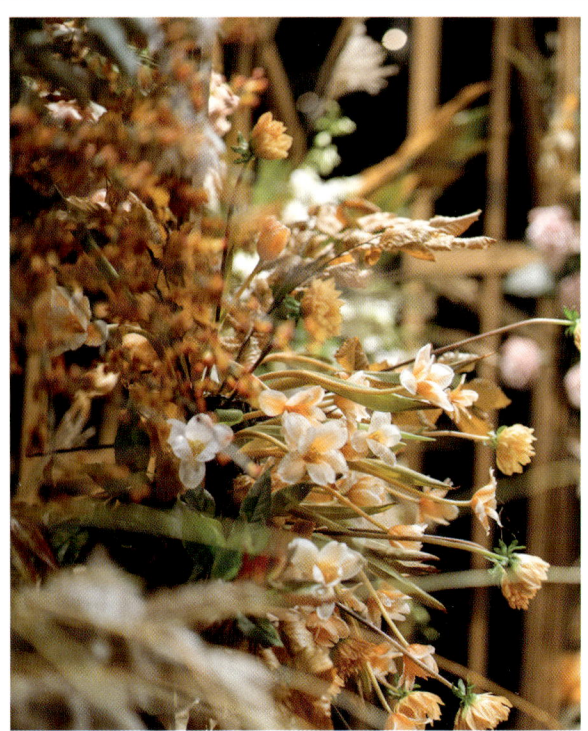

플로리스트는 디자인도 중요하지만 가장 기초적인 꽃과 소재를 잘 알아야 한다. 같은 기물이라도 꽃을 꽂는 방식에 따라 느낌이 전혀 다르게 나오기 때문이다. 특히 가을에 갈대와 억새처럼 거친 느낌의 소재가 많은데, 그 느낌을 살려 장식하는 경우 한 폭의 명화 같은 느낌이 연출된다. 너무 기본적인 말이지만 소재의 질감과 느낌을 잘 알아야 상황에 맞게 연출할 수 있다. 웨딩에선 때에 맞는 소재를 사용하더라도 사랑스러운 분위기는 반드시 연출되어야 한다. 그렇기에 가을 소재를 사용할 때는 포인트 되는 부분을 꽃으로 부드럽게 표현해주는 것이 좋다.

Flowers

217 • ORANGE

디자이너의 눈은 높아야 한다. 손은 노력이라는 시간으로 연습하면 나아질 수 있으나 눈을 높이는 일은 그렇지 않다. 디자이너의 좋은 습관은 열린 마음으로 세상의 모든 것들을 받아들이는 것이다. 나는 시간이 나면 전시회를 보러 간다. 아직 빛을 발휘하지 못한 신진 작가들의 아이디어를 보며 그들과 소통하는 것은 큰 선물 같은 시간이다. 꽃과 관련 없는 전시회도 좋다. 어떻게 내 디자인에 적용할 수 있을지 고민하면서 바라보면 또 다른 생각을 가질 수 있게 해준다. 그것은 나의 작업 현장에서 적용되곤 한다.

밝은 배경에서의 오렌지 컬러는 어느 때 보다 화사한 느낌을 준다.
화사한 오렌지 컬러는 식욕을 자극하는 컬러 중 하나이기 때문에 주로 테이블 센터피스로 사용된다.

사계절동안 식물들이 피고 지는 모습을 보는 것은 내게 커다란 행운이다.
그린에서 오렌지, 그리고 레드로 넘어가는 과정은 오묘하다. 자연스럽게 물든 컬러이기에 쉽게 흉내낼 수 없다.
조금씩 다른 느낌을 주는 참 고운 색상이다.

밝고 예쁜 신부와 어울리는 상큼한 느낌의 꽃으로 공간을 연출했다. 소량의 노란색 꽃들을 섞어 오렌지 빛을 좀 더 밝게 표현해주었다. 전체 오브제는 골드와 투명한 유리로 통일하여 온전히 꽃에만 집중되는 디자인이다.

웨딩 미팅을 할 때면 그들만의 스토리를 엿볼 수 있어 즐겁다. 이번 신부님이 받은 프러포즈는 듣는 나까지도 감동이었다. 10년 가까이 연애한 두 사람의 사진을 인화하여 만든 프러포즈였는데, 들으면서 머릿속에 그린 그들의 모습은 너무 예뻤다.

프로포즈 스토리를 가져와 웨딩으로 연계해 표현해주고 싶었다. 많은 사진 중 일부를 가져와 그들만의 포토월을 제작했다.

꽃일을 하면 감동적인 일들이 자주 일어난다. 미팅에 들어가자마자 모든 디자인이 마음에 든다며 본인들 결혼식에서 새로운 것도 시도해 보라고 말해주는 신랑 신부. 사실 디자이너에게 이런 말은 벅찬 말이다. 1년동안 그림만 그려온 디자인을 권했다. 겨울이 다가오는 시기이기에 오렌지 꽃의 느낌을 더 강하게 표현하고 싶어 오렌지를 메인으로 피치와 레드 컬러를 그라데이션해 화려하게 장식했다.

칵테일 잔에 세팅한 레드색상 왁스플라워와 남천
레드와 오렌지 컬러의 꽃들을 사용한 웨딩케이크(튤립, 글로리오사, 다알리아, 왁스플라워 등)

패션 트렌드처럼 매해 새로운 디자인에 맞춘 테이블 센터피스를 고민하곤 한다. 손님들이 초대받은 느낌을 받으며 즐기는 예식이 되길 바라는 마음에 센터피스도 중요하게 본다. 신규 디자인을 하는 가장 쉬운 방법은 오브제의 컬러와 재질을 비슷하게 하는 것이다. 오브제와 공간이 조화를 이루는 것이 가장 중요하기 때문이다. 또한 꽃이 지루하지 않아야 한다. 변화되는 자연을 매일 느낄 수 없기에 꽃으로 그 변화를 느끼며 즐거워할 수 있는 디자인을 해야한다. 주어진 예산 안에서 강조할 부분은 강조하고 심플하게 가는 경우에는 소재나 꽃이 가진 특성을 중점으로 디자인을 한다.

디자이너는 늘 새로운 디자인을 고민한다. 이번 디자인도 직사각 틀에 빗살 틀을 넣은 새로운 방법을 시도했다. 늘 무대에서 사용해오던 대형 오브제를 신부대기실로 가져왔더니 예상했던 것보다 더 화려해 다른 느낌을 낼 수 있었다. 정해진 답은 없다. 조금씩 변화하면 된다.

같은 공간의 장식에 변화를 줄 때 가장 쉽고 좋은 방법은 생명이 있는 꽃으로 연출하는 것이다. 그날의 분위기에 맞는 꽃들을 통일되게 사용하면 공간이 전혀 다른 분위기로 연출된다. 이번 컨셉에는 계절감이 느껴지는 가을, 겨울의 컬러인 버건디 컬러의 소재와 꽃을 사용했다.

귀한 블루꽃이다. 블루 계열의 꽃은 많지 않아서 웨딩에서는 자주 사용하지 못했다. 그러나 이번엔 웨딩 촬영도 연보라, 연블루를 사용한 신부의 취향을 고려했다. 블루 색감은 다루기 어렵지만, 웨딩에 어울리도록 색상을 믹스했다. 블루계열의 꽃은 델피니움, 수국, 옥시페탈룸 등이 있지만 시중에 블루 꽃이 많지 않아 직접 염색해서 사용하기도 했다. 특히 장미의 경우 자연적인 블루를 만들려고 연구를 하고 있지만 쉽게 구하기 어려워 염색하여 사용했다. '포기하지 않는 사랑'의 의미처럼 신랑 신부에게 좋은 뜻이 전달되었으면 좋겠다.

Classic Wedding

이번 신부님은 자연스럽고 클래식한 느낌의 장식을 좋아했다. 디자인은 클래식하게 하되 소재는 거칠고 뻗는 느낌이 들도록 부들잎, 잎새란, 설유화잎, 남천 등을 사용하여 최대한 시원하게 퍼지도록 꽂은 뒤 공간을 채워가는 느낌으로 하나씩 그날의 분위기를 연출했다.

블루로 장식된 케이크와 잘 어울리도록 같은 계열의 꽃과 신부가 좋아하는 보라 계열의 꽃을 함께 사용했다.
아가판서스, 튤립, 블루용담, 히아신스, 수국, 옥시페탈룸과 염색으로 만든 연블루 리시안셔스,
블루 왁스플라워, 블루 카네이션을 높낮이를 주어 케이크 장식을 했다.

호텔은 웨딩만을 위한 공간이 아니다. 컨퍼런스, 이벤트 등 다양한 행사들도 진행되는 공간이다.
호텔의 모던한 공간을 웨딩 공간으로 만들기 위해 커튼을 장식함으로써 전혀 다른 느낌을 만들어 보았다.
온전히 신부만을 위한 로비 신부대기실 공간이다.

모든 예식은 그 날이 기억되길 바라는 마음으로 디자인한다. 그들만의 추억과 계절, 날씨와 분위기를 기억했으면 한다. 이번 컨셉은 연하늘 컬러로 더운 여름날을 시원하게 장식했다. 연하늘의 경우 자칫 돌잔치의 귀여운 분위기가 날 수 있기 때문에 디자인은 최대한 고급스럽게 잡는 것이 포인트다.

모든 컬러에 있어 조명의 역할은 중요하다. 블루, 보라 계열은 어두울 경우 검정빛을 띠기 때문에 조심해야 한다. 간혹 조명이 없는 경우엔 상황에 맞게 업라이트나 초를 이용해야 할 때가 있다. 업라이트를 사용하는 경우 반드시 손님의 눈에 비치지 않도록 주의해야 하며 꽃의 색감을 해치지 않도록 주의해서 각도를 잡아야 한다.

플로리스트에게 컬러 공부는 숙명과 같다. 컬러를 공부하는 방법 중 하나는 패션쇼를 보는 것이다. 다양한 소재와 컬러를 믹스한 패션을 보고 나면 색상 사용이 좀 더 과감해질 수 있다. 이번엔 연블루 색상을 조합했다. 블루와 피치는 반대계열의 색이기 때문에 색을 맞추기 어려워 중간에 연결색을 사용했다. 최대한 톤이 다운된 컬러를 사용해서 컬러가 튀지 않게 진행했다. 다른 컬러로 넘어갈 때 톤이 다운된 컬러를 사이에 두고 꽂는 게 포인트다.

레드는 색이 가진 힘이 강렬하다. 과거에 웨딩은 얌전하고 예뻐야 한다는 인식으로 레드를 잘 사용하지 않았지만, 이제 그런 시대는 지나가고 파티 웨딩 문화로 한 단계 올라갔다. 이번 웨딩 무대는 버건디와 레드로 무대를 강렬하게 연출했고, 그룹핑을 통해 각 소재들의 특징을 살려주었다. 버진로드의 경우 높이가 4미터가 넘는 나무 연출이기 때문에 화이트와 피치 컬러를 조금 섞어 러블리함을 살려보았다.

'하늘 아래 같은 색상은 없다'는 말에 공감한다. 특히 꽃은 정말 같은 색상이 없다. 같은 줄기에서 자라는 꽃에도 다른 컬러를 내고 모양을 낸다. 이런 매력 때문에 같은 웨딩이 나올 수가 없다.
- 레드 컬러의 다양한 꽃을 사용하여 세팅한 테이블 센터피스
- 전체 공간의 레드 웨딩의 부담감을 줄이기 위해 입구의 나무 장식은 피치와 화이트를 추가해서 세팅
- 무대와 어울리는 붉은 꽃이 포인트인 웨딩 케이크

공간을 디자인할 때 비율은 중요한 요소이다. 아무리 좋은 디자인도 비율이 깨지면 어색해질 수 있다. 공간을 어떻게 읽느냐가 가장 중요하며, 홀에 따라 천장 높이를 고려하는 것이 좋다. 작은 홀은 천장이 낮은 단점이 있지만 큰 홀에 비해 꽃을 적게 사용해도 더 화려하고 풍성해 보인다. 이번 장식의 경우 로드에 세팅된 사각 샹들리에 모양과 어울리도록 무대 디자인을 배치하고 샹들리에 간격에 맞게 무대의 디자인도 세팅했다. 디자인을 하기 전 세팅된 공간을 미리 읽는 것이 중요하다.

같은 소재를 어떤 오브제에 꽂느냐에 따라 전혀 다른 느낌이 나온다. 소재는 같지만, 높낮이를 달리하고 꽃 꽂는 방식을 바꾸면 전혀 다른 느낌으로 연출된다. 한정된 꽃 안에서 새로운 연출을 하려면 지속된 공부와 연습이 필요하다. 매번 배움이 있는 직업이 어렵게 느껴질 수 있지만 새로움을 즐긴다면 즐겁게 일할 수 있다.

겨울느낌이 물씬 나도록 레드계열의 꽃으로 장식한 공간이다. 레드 컬러에는 골드 오브제가 잘 어울리는 조합이다. 여러 오브제를 사용할 때는 같은 느낌이 나는 것을 가장 중요하게 생각한다. 만약 로비나 포토월 공간에 세팅한다면 늘 손님 동선에 걸릴 위험성을 생각해야 한다. 디자인할 때 불편함이 없는 지를 염두하고 세팅하는 것이 좋다.

Winter Red Flowers

크리스마스 시즌이 다가오는 겨울이 되면 플라워 업계에도 그에 따른 바람이 분다. '크리스마스'하면 생각나는 레드 컬러는 추운 겨울에 따뜻한 분위기를 만들어준다. 그래서 12월이 되면 세계적으로 레드 꽃 사용량이 증가하게 된다. 그만큼 꽃 종류도 다양하게 출하되어 레드 소재를 선택하기 좋다.

꽃을 강조하기 위해선 소재를 함께 사용해야 한다. 깊이감을 주어 훨씬 더 풍성한 장식을 할 수 있기 때문이다. 겨울엔 나무를 사용하는 것도 좋은 방법이다. 나무도 물들기 때문에 잎들이 레드와 자연스럽게 그라데이션 되는 중간색을 만들어 주어 더 예쁘게 나오게 된다.

플로리스트는 계절의 변화를 가장 빠르게 느끼는 직업이다. 꽃이 피기 전 시장에 먼저 출하되는 꽃을 통해 계절을 만나기 때문이다.

겨울 시즌에 가장 인기가 많은 열매 나무 중 하나인 낙산홍은 밝고 명랑하다는 뜻을 가진 열매이다. 한겨울 눈 속에서도 예쁘게 피는 이 소재를 신부대기실에 대형으로 사용해 보았다. 나무의 선이 느껴지도록 자리를 잡고 가운데 하얀 드레스를 입은 신부가 공주님 같은 느낌이 들게 디자인했다. 다만 같은 컬러의 꽃을 사용하는 경우에는 지루해 보일 수 있기 때문에 꽃의 깊이감이 느껴지도록 꽂는 것이 포인트다.

Le MERIDIEN
SEOUL

Red Carpet

가장 행복한 하루만큼은 모두가 셀럽이 되어 즐겼으면 좋겠다. 손님이 원한다면 뭐든 맞춰서 해드리고 싶다. 또 그게 우리의 역할이라고 생각한다. 주어진 상황에서 최선을 다하는 것이 진정으로 소통하는 상담이 아닐까? 겨울을 맞이해서 레드 톤으로 장식하고 양초 또한 버건디 컬러를 조제해서 만들었다. 불을 켰을 때 더 화려한 빛을 낸다.

크리스마스 파티의 분위기가 느껴지도록 여성 게스트를 위한 손목 코사지를 준비했다. 모두 예쁜 드레스를 입고 코사지를 손목에 차고 와인 잔과 함께 사진을 찍는다. 테이블 위에는 작고 귀여운 크리스마스 미니 어처를 하나씩 놓았다. 어떤 오브제를 사용하든 그 날의 분위기에 맞게 어울리도록 장식하는 게 중요하다. 꽃을 장식하는 내가 웨딩 파티를 즐긴다는 마음으로 장식하면 더 멋지게 세팅하게 된다. 나는 언제나 꽃으로 모두 행복해질 수 있는 그런 시간을 만들어주고 싶다.

Wedding Flower Design

크리에이티브디렉터 **최경아**의
호텔 웨딩 플라워 디자인

발행일	2021년 8월 15일 초판1쇄 발행
	2025년 3월 20일 재 판2쇄 발행
지은이	최경아
펴낸이	이지영
편 집	최윤희
디자인	Design Bloom 김은별·이다혜
펴낸곳	도서출판 플로라
등 록	2010년 9월 10일 제 2010-24호
주 소	경기도 파주시 회동길 325-22
전 화	02.323.9850
팩 스	02.6008.2036
메 일	flowernews24@naver.com
ISBN	979-11-90717-61-8

이 책은 저작권법에 의해 보호받는 저작물이므로
도서출판 플로라의 서면 동의 없이는 복제 및 전사할 수 없습니다.